历史的丰碑丛书

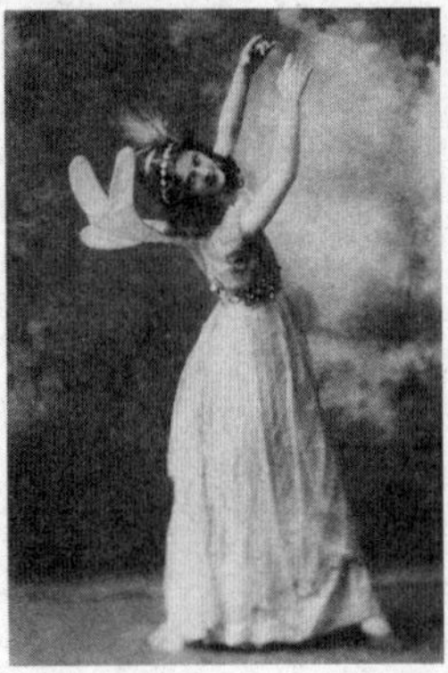

现代舞之母
邓肯

孙正义　编著

文学艺术家卷

吉林人民出版社

图书在版编目(CIP)数据

现代舞之母——邓肯 / 孙正义编著. -- 长春：吉林人民出版社，2011.4（2025.4重印）
（历史的丰碑丛书）
ISBN 978-7-206-07629-9

Ⅰ.①现… Ⅱ.①孙… Ⅲ.①邓肯，
Ⅰ.（1877～1927）—青年读物②邓肯，
Ⅰ.（1877～1927）—少年读物 Ⅳ.①K837.125.76-49

中国版本图书馆 CIP 数据核字 (2011) 第 037607 号

现代舞之母 邓肯
XIANDAIWU ZHIMU DENGKEN

编　　著：孙正义	
责任编辑：李相梅	封面设计：孙浩瀚

制　　作：吉林人民出版社图文设计印务中心
吉林人民出版社出版 发行（长春市人民大街7548号 邮政编码:130022）
印　　刷：北京一鑫印务有限责任公司
开　　本：787mm×1092mm　1/16
印　　张：8　　　　　字　　数：72千字
标准书号：ISBN 978-7-206-07629-9
版　　次：2011年4月第1版　印　　次：2025年4月第3次印刷
定　　价：35.00 元

如发现印装质量问题，影响阅读，请与出版社联系调换。

编者的话

"欲知大道,必先为史"。

回溯人类的足迹,人们首先看到的总是那些在其各自背景和时点上标志着社会高度和进步里程的伟大人物。他们是历史的丰碑,是后世之鉴。

黑格尔说:"无疑,一个时代的杰出个人是特性,一般说来,就反映了这个时代的总的精神。"普希金说:"跟随伟大人物的思想是一门引人入胜的科学。"

以史为鉴,面向未来。作为21世纪的继往开来者,我们觉得,在知史基础上具有宽广的知识结构、开阔的胸襟和敏锐的洞察力应是首要的素质要求,而在历史的大背景

◆ 历史的丰碑丛书

中追寻丰碑人物的思想、风范和足迹，应是知史的捷径。

考虑到现代人时间的宝贵，我们期盼以尽量精短的篇幅容纳尽量丰富的信息，展现尽量宏大的历史画卷和历史规律。为此，我们编撰了这套丛书。

编撰丛书的过程，也是纵览历代风云、伴随伟人心路、吸收历史营养的过程。沉心于书页，我们随处感受着各历史时期伟大人物所体现的推动历史进步的人类征服力量。我们随着伟人命运及事业的坎坷与辉煌而悲喜，为他们思想的深邃精湛、行为的大气脱俗而会意感慨、拍案叫绝。

然而，在思想开始远游和精神获得享受的同时，我们也随之感受到历史脚步的沉重

编者的话

和历史过程的曲折。社会每前进一步都是艰难的，都伴随着巨大的痛苦和付出。历史的伟大在于它最终走向进步，最终在血污中诞生了鲜活的"婴孩"。

历史有继承性和局限性，不能凭空创造。伟人也有血肉，他们的思想、行为因此注定了同样具有历史的局限性和阶级的、时代的烙印；他们的功业建立于千千万万广大人民群众伟大创造的基础上。历史是人民群众创造的，伟大的人物们是历史和时代造就的。同时，我们也无法否定此间他们个人的努力。这也正是我们编撰这套丛书的目的。

我们期盼着这套丛书得到社会的认同，对读者，特别是青少年读者之历史感、成就感和使命感的培养有所裨益。史海浩瀚，群

◆ 历史的丰碑丛书

星璀璨。我们以对广大青少年读者负责的精神，精心遴选，以助力青少年成长进步，集结出版了《历史的丰碑》系列丛书，敬请读者批评、指正。

编委会

策　划：胡维革　吴铁光
　　　　　林　巍　冯子龙
主　编：胡维革　邢万生
副主编：贾淑文　谷艳秋
编　委：（按姓氏笔画为序）
　　　　　于二辉　刘士琳
　　　　　刘文辉　孙建军
　　　　　李艳萍　吴兰萍
　　　　　杨九屹　隋　军

有人说：观赏她的舞蹈就是发现艺术的本质和灵魂，了解她的为人就是认识无比丰富、无比深刻的生活。

还有人说：20世纪初期，世界上没有一个人能像她这样以不息的热情满足了人们的追求，唤起了人们的灵感，激发了人们的思想。

邓肯，生来就是舞蹈的天使，美的传播者。

她的奋斗武器是自己的才智、情感、个性和形体。

她用深沉的目光审视人生，以源于大自然的多彩舞姿和冲破一切羁绊的无限豪情激发人生的活力，从而独创出举世瞩目的自由、奔放的舞蹈风范，划时代地揭开了西方舞蹈史册的新篇章，被人所共识地誉为"现代舞之母"。

目　录

自由贫女　　　　　◎ 001

辍学从艺　　　　　◎ 007

创作探索　　　　　◎ 015

冒险旅行　　　　　◎ 024

出国拼搏　　　　　◎ 035

艺苑桃李　　　　　◎ 064

理论建树　　　　　◎ 088

奉献终生　　　　　◎ 104

历史的丰碑丛书

现代舞之母　邓肯

自由贫女

> 在我幼年时期，母亲非常贫困，我觉得这对于我是一种幸运。她不能替孩子雇请保姆或仆人。因此，我在儿童时能过一种自由生活，后来一生也没有失掉这种生活。
>
> ——邓肯

1878年5月27日，在美国太平洋沿岸的旧金山市，伊莎多拉·邓肯，伴随大海的浪涛声来到这个世界。

大海开阔她的胸怀，陶冶她的性情，铸造她那自由乐观的思想品格和顽强不屈的斗争精神。她说："我一生中最大的事件，都发生在海滨。我最初跳舞的观念，就是起源于海水的波浪。"

可是，她过早地从事舞蹈专业，应该说，除了自然环境的感染和个人志向的驱使之外，还与家庭的不幸遭遇及当时教育制度的陈腐有直接关系。

她生活在市民阶层里。父亲是一位诗人，母亲是家庭音乐教员。她有两个哥哥、一个姐姐，自己是家

里最小的孩子。这个家庭处处充满文化气息，所有成员无不酷爱艺术。但是，在衣食方面却显得相当困苦。在她还未记事的时候，父母因为感情不和而离婚了。父亲只身在外，漂泊谋生，与家里长期断绝来往。母亲依靠教授音乐和出卖手工制品的微薄收入抚养4个正在成长的孩子，终年过着贫困的生活，有时经济拮据，一家人只好忍饥挨饿挣扎度日。

然而，幼小的邓肯并不抱怨自己的命运，并且过于早熟地主动替母亲和全家人排忧解难。每当家里没有任何食物可以充饥的时候，她总是自告奋勇地跑到肉食店和面包房里，磨破小嘴唇竭力游说，用各种各样的理由请求老板们赊售食品。结果，每次都令人惊

邓肯出生在美国太平洋沿岸美丽的城市旧金山

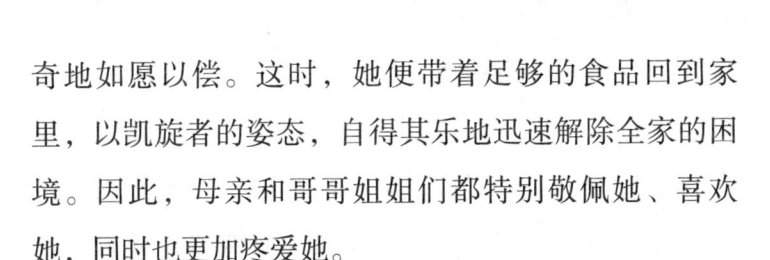

奇地如愿以偿。这时,她便带着足够的食品回到家里,以凯旋者的姿态,自得其乐地迅速解除全家的困境。因此,母亲和哥哥姐姐们都特别敬佩她、喜欢她,同时也更加疼爱她。

母亲为了全家人的温饱,不得不利用课余时间尽力做些绒织品送到店铺出卖,以此补助日常开销及供4个孩子读书。一天,邓肯放学回家,看到母亲瞅着面前摆着的绒织品,默默地流泪。于是,她小心翼翼地凑到母亲身边,关切地问道:"妈妈,家里是不是又有什么难处了?"

母亲望了一眼心爱的女儿,轻轻拭去泪水,唉声叹气地说:"以前,妈妈做的这些绒织品,很多店铺都是愿意收买的。想不到,今天我又拿去卖,他们都突然不要了。东西卖不出去,反倒搭上了本钱,往后的日子越发不好过了……"

邓肯问明了原因,心里一阵酸楚。她十分同情母亲,想到母亲为了全家人过度操劳的不幸遭遇,眼里也禁不住闪着泪花。她想:母亲太勤劳、太善良、太痛苦了!作为女儿,绝不忍心眼看母亲的劳动成果化为流水。想到这里,她便对母亲说:"妈妈,把这些东西都交给我吧,我来想办法卖出去。"

母亲听到女儿的话语,看着女儿的面容,心情非

常复杂,半天没有说出一句话。邓肯理解了母亲的心情,不必再听母亲的回答,接着就把眼前的绒织品装在一个篮子里,然后提着篮子跨出家门。她跑到大街上,几乎是见人就喊,见门就进,挨家逐户地宣传母亲的手艺,展示篮子里的产品,没有多大工夫便把所有的绒织品兜售一空。她兴奋地回到家里,把得到的钱如数交给母亲。母亲百感交集地数着手里的钱,惊喜地发现,女儿销售的钱数,合计起来,要比自己往常卖给店铺时多出一倍有余。全家人激动得把小小的邓肯抬起来,拥抱她、亲吻她。此后,亲人们不仅夸奖她的聪明和勇敢,而且把她当成家庭里的幼小主心骨。

贫困的生活磨炼着她的意志,培养她的自立精神

一顿丰盛的美餐对于年幼的邓肯来说简直是一种奢望

和进取能力。她一有空闲就到海边玩耍,喜欢一个人眺望着大海冥思遐想。她羡慕大海的辽阔,崇拜大海的力量,向往大海的自由。有时竟忘情地把自己比作大海,似乎全身心地与大海的波涛融为一体,伴随那澎湃的浪花自由自在地奔腾……

这时,她也常常看见赶来玩耍的同龄孩子们。她特别注意到身边的阔家子女,这些孩子个个穿戴华丽,一举一动都有保姆小心地跟随护卫与侍候。这种现象使她觉得可怜,心想:这些有钱人家的孩子,每天都是这样生活,将来会有什么发展呢?一味地衣来伸手、饭来张口,那活着还有什么意思呢?

后来,她又在邻居中间,经常听到很多家长谈论如何多给子女们赚钱的话题。于是,自己又想:好心

的家长们，你们这样讲，这样做，是真正关心子女吗？其不知，照这样下去，就等于扼杀了子女们的生活本领。接着，她又常常慨叹：尊敬的家长们，你们哪能知道，多给子女们遗留一块钱，就要使他们增加一分软弱啊！什么才是最珍贵的遗产呢？最珍贵的遗产不是金钱而是精神啊！那么，可敬的家长们，赶快教给孩子们学会独立生活的能力吧，多为他们的成长开辟自由的生存道路，让他们将来能在大千世界里勇敢立足吧！

　　童年的邓肯不但拥有超凡的人生见解，而且又使这些见解时时处处体现在自己的言行之中。所以，人们都用惊赞的目光注视她，认为她是一个与众不同的好孩子。

辍学从艺

> 我儿时最主要的一种特性,便是对我们生活于其中的那种褊狭的社会,总是有一股反抗的精神。
> ——邓肯

一个聪明、诚实、勤学而又善于独立思考的小学生,不仅没有受到师长的重视与爱护,反而屡次遭到斥责和惩罚。这就是邓肯读书期间真实生活的写照。

她5岁时,进入旧金山市一所公立学校读书,是班级里年龄最小,也最活跃和敢说真话又不屈从的顽强的学生。然而,恰恰由于她的敢说真话和顽强不屈,才导致老师怀有反感,甚至不择手段地打击她,使她感到生活在这所学校里,如同被投入无情的监牢,时时刻刻令人窒息。

她刚入学不久,赶上班级过圣诞节。有些有钱学生的家长送给学校许多糖果,希望分发到各个班级,算是圣诞老人对孩子们的仁慈恩赐。老师用洁净的器皿盛满糖果,双手捧着走进教室,笑眯眯地对全班同学说:

"孩子们,你们看,圣诞老人给你们带来什么啦?"

同学们望着老师捧来的糖果,正要齐声回答时,邓肯突然从座位上站起来,直率地大声说道:"老师,请你不要这样讲。我不相信真有什么圣诞老人。"

老师听到她的话,突然一怔,似乎感到自己的耳朵产生了错觉,立即反问一句:"你说什么?"

"我是说,"邓肯大声地重复方才说的话,"我不相信真有什么圣诞老人。"

老师这下子听清楚了,气愤地狠狠瞪了她一眼,同学们也都随之愣住了,教室里顿时一片沉闷。老师为了打破僵局,镇静片刻,转对其他同学说:"好吧,大家听清楚:只有相信有圣诞老人的孩子才有糖

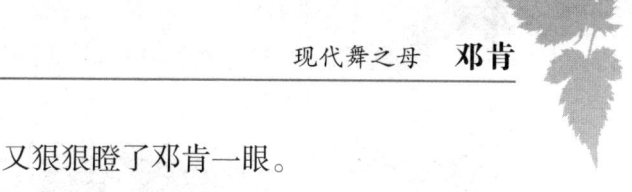

果吃。"说着，又狠狠瞪了邓肯一眼。

邓肯并不示弱，面对老师理直气壮地回答说："那我就不要你的糖果了。"说完，坦然地坐在原位上。

同学们一下子惊呆了：你瞅瞅我，我瞅瞅你，一个个都不知道说什么好。

老师被邓肯弄得很尴尬，于是恼羞成怒地勒令她站起来，马上走到教室前边，面对墙壁坐在地面上。意思是让她比全班同学矮半截，背靠大家，在别人欢欢乐乐分吃圣诞糖果的过程中，默默赎罪，反省自己的言行。

邓肯只得再站起来，但她并不服软，一边往前走，一边高声地抗议着："我不相信别人的谎话！我母亲告诉我，她太穷了，不能做什么圣诞老人。只有那些有钱人的母亲才能假扮圣诞老人，送东西给小孩子们。这算什么圣诞老人啊？这是骗人的谎话，让我怎么相信呢……"

她简直是临危不惧地当众讲演，而且是滔滔不绝，讲得教室里鸦雀无声。

老师生怕她讲下去会起煽动作用，气得一把揪住她的衣领，使劲将她抓过来，强迫她闭上嘴，乖乖坐在地面上。邓肯认为这是一种污辱行为，尽管老师用力按她往地面上坐，但她却挺直两条腿，说什么也不弯，硬是端庄地站在大家的面前。老师实在拿她没有

办法，无可奈何地令她走出教室，算作提前放学。她巴不得赶紧离开这个闷人的房间，迅速往外走，边走边说："没有圣诞老人！就是没有圣诞老人！"

回到家里，她把学校刚才发生的事件原原本本地告诉了母亲，并问母亲："妈妈，难道我不是对的吗？没有圣诞老人，是吗？"

母亲疼爱地望着可怜的女儿，含着泪花轻轻点着头说："是的，孩子，你说得对极了，没有圣诞老人，也没有什么上帝。能够真正帮助你的，只有你自己，那就是你的精神和意志啊。"

母亲的话，使她感到无限欣慰，更加觉得做人应该真诚，任何情况下都不能说谎话，不能自欺欺人。她决心用母亲的教导激励自己，永远做个有思想、有

现代舞之母　邓肯

意志、奋发向上的人。

可惜的是，她越是这样想、这样做，就越是不被学校理解，自然也就越加遭到老师的责罚。一次，老师布置全班同学的课堂作文，要求每人写一段自己的家史，并强调要写出自己印象最深刻的事实，写完当堂宣读。

邓肯按照老师的要求认真思索，觉得自己印象最深的事实，就是家庭住址因为贫困而频繁迁移。想到这里，她便在作文里写了这样一段话："我5岁的时候，我家住在第23条街的一个小房子里，因为没有付房租，不能再住，便搬到第17条街。不久，我们的钱不够，房东不许拖延，只好搬到第22条街。在那里我们不能安然住下去，于是又搬到第10条街。我的家庭

童年的邓肯由于贫困总是不断地从一个街区搬到另一个街区。

文学艺术家卷　011

历史,接着还是这样,总是不断地搬家。"

想不到,这段话当堂宣读时,惹得老师大发雷霆,认为她是无理取闹、嘲弄课堂、耍笑老师,不容分说便把作文抢走,立即送给校长,要求学校给邓肯以严厉处罚。

为了处罚邓肯,校长把她的母亲请到学校,当场出示这篇作文,让家长阅读之后,表明态度。

母亲不知所措地赶到学校,遵照校长和老师旨意,逐字逐句默读女儿的作文,读完之后,不由得失声痛哭……

校长和老师不解其意,惊疑地发问:"为什么要哭?"

母亲边哭边回答说:"我女儿在作文里说的话,没有一句不是真的。我们家向来很穷。穷则搬家,总

现代舞之母　邓肯

是没有安稳的定居地点。搬家次数太多了，自然给孩子心里留下深刻的印象。难道校方不是要求学生写出在家庭生活中印象最深刻的事实吗？若是这样，那么我的女儿是没有错误的呀！"

这番话，说得校长和老师无言以对，如同法庭上的证词和辩护词一样，有理有据地说明邓肯毫无任何罪过。因此，校方也就不得不放弃原定的严厉处罚。但是，经过这场风波，邓肯与母亲都对这样的学校感到失望，甚至十分厌恶。

不过，年仅6岁的邓肯，没有放弃对生活乐趣的追求，她把校外的空间当作自我成长的广阔天地。她喜欢音乐、酷爱舞蹈，尤其赋有舞蹈的天资与灵感。她比同龄孩子长得略高，身材匀称，形象秀美，动作感极强，凭借童心的想象力，以大海的波浪为参照，常常是无师自通地即兴起舞。她的舞蹈自然、活泼、欢快、明朗，吸引着周围的许多人。每当她放学回家时，总有成群的孩子如同小鸟出笼般地跃到她的身边，情愿跟随她，在她的指挥下无拘无束地手舞足蹈。这时，她自己也觉得非常惬意，兴高采烈地对母亲说："妈妈，你看，我们这里像不像是一所舞蹈学校？"

母亲被女儿的艺术才华、组织能力和人格的号召力深深感动了。母亲热情、慈祥，善解人意，既有文化修养，思想又很开明，主张儿童应该以其天性，向着美好的精神境界自由发展。所以，当她看见眼前的生动景象，听到女儿称呼"舞蹈学校"的时候，便在心里产生了共鸣。她支持女儿的行动，亲自弹钢琴为孩子们伴奏。这样一来，更加引人注目。不久，很多家长带着学费，领孩子来跟邓肯学习跳舞。于是，这里就真正成为一所简易的舞蹈学校了。

邓肯10岁的时候，学校办得特别兴旺。由于学员倍增，她请姐姐主持教务管理，经过母亲同意，她索性退出那所公立学校，专心致志地从事舞蹈教学。为了便于取得社会信任，她把自己的头发梳在脑顶上，虚称已经16岁了。至此，她的名字连同她所创办的舞蹈学校，在旧金山市广泛流传，市内很多有钱人家都争先请她光临跳舞。此后，她便走上了艺术道路，终生奉献给了舞蹈事业。

← 幼年的邓肯最喜欢去的地方就是海边

创作探索

> 我觉得一个人一生要做什么事业，从小便应当做起。现在有许多父母还不晓得他们所给予儿女们的教育，实际上足以使儿女走入平凡之途，使儿女无创作美好事物的机会。
>
> ——邓肯

少年的邓肯，能够如愿以偿地走向艺术道路，除了自己的天赋之外，还在很大程度上取决于她母亲的影响、理解和支持。

她在幼儿时期，生活中就离不开音乐与文学。每天晚上，母亲无论怎样疲劳，都要坐在家里弹钢琴，一弹就是几个小时。这时，她觉得母亲把周围的一切都忘了，整个身心全部沉醉于音乐的世界里。母亲还爱好读书，特别喜欢朗诵诗歌和戏剧名著的台词。所以，邓肯和哥哥姐姐们也都迷恋音乐与文学。对于物质生活，母亲从来没有奢望，甚至把人们热衷于买房置地和积攒金银财宝等，都视为是束缚人身自由的各

种桎梏，全家人也就都对物质享受抱着不以为然的态度。这就是邓肯一生中从来不佩戴任何首饰的根本原因。

邓肯初次创办舞蹈学校，得到母亲的鼎力相助。因为没有母亲的钢琴演奏和诗歌朗读，便没有她的舞蹈创作、教学与表演，自然也就没有她在旧金山市获得的艺术名气。

但是，她很有自知之明。尽管这时她既能编舞、跳舞和教舞，然而所编、所跳和所教的，只不过是凭借即兴想象的一种应变。也就是说，头脑里想着什么形象好看，就编个什么样式。实际上是没有明确的系统和章法，也缺乏艺术规律性。她首次创作和教授的舞蹈仅仅是借助一首诗歌的启发，即朗菲罗的《我射一支箭到空中》。她先把这首诗歌的大意讲给孩子们听，然后高声朗诵诗歌，启发孩子们根据诗歌

现代舞之母　邓肯

→邓肯常常从母亲演奏的钢琴曲中选取片段作为自己舞蹈的伴奏曲

意境，用手舞足蹈的形体动作表现出来，接着再凭借自己的构思一一指点和纠正，直至达到熟练为止。此外，就是常请母亲演奏钢琴曲，从中选择一些自己认为可用的片段，按照乐曲的情感和节奏，编出相应的动作姿态与身段组合，然后自己合着乐曲练习几遍，觉得差不多了，再教给孩子们。尽管这种创作都收到明显效果，但是她想，这些作品毕竟是简单和零乱的，长此下去，自己和孩子们都很难再提高，学校也难以再发展。

基于进取的思考，她征求母亲的同意，决定拜师学艺，提高自己的基本技能。她怀着极大的希望，寻访到住在旧金山市的一位舞蹈名师，虚心向这位名师请教。然而，想不到，请教的结果，却使希望变成了失望。

文学艺术家卷　017

开始,名师让她随便跳舞,旨在了解她的舞蹈基础。她认真跳了自己编的几个舞蹈片段,等待名师给予指点。名师看过之后,感到很不满意,认为她跳的舞蹈缺乏规范性,需要加大气力训练脚和腿的功夫。于是,名师首先看看她的脚形,感到符合舞蹈演员的条件;然后让她以脚尖为支撑点,身体随着站起来。她按照名师指示的要领当场便立着脚尖站起来,并不觉得怎么吃力,得到了名师的夸奖。

但是,她不明白,跳舞时为什么非得把脚尖立起来。间休时,她问这位名师:"跳舞要立脚尖,而且又要总是立起来,这是为什么?"名师回答说:"只有把脚尖立起来,才能显出人体的美丽。这是芭蕾舞,跳芭蕾舞都是这样的。"就这样,她从基本功训练开

← 邓肯认为芭蕾舞是『反自然的』舞蹈

现代舞之母　邓肯

始，按照教学规程从头学起。

　　她具有很强的感受力和模仿力，练习起来既符合要求，又毫不困难，只是感到越练习越别扭，自己的思想感情和四肢、手脚以及腰部、颈部等各个部位，顿时都被这套规程给牢牢地束缚住，头脑里那些充满美好的意念，像是罩在一个无形的闷罐里，任凭怎么努力，也不能得到充分的发挥。她感到困惑了。这时，她不得不认真观察一下名师的示范动作。但是，她怎么观察也体会不到究竟哪个方面美，她觉得这舞蹈，很像平淡无奇的柔软体操。不管别人怎么想，反正在她的心目中，觉得这不是艺术上的美丽，而是故作姿态的丑陋。她虽然不敢妄加褒贬这种传统艺术，但至少是自己无法接受。因此，她对这种学习感到厌

倦，即使用理智控制自己的情绪，也产生不出一点兴趣，只有离开这个令人窒息的房间，才能自由自在地呼出一口气来。

她信步在海滩上，仰望蓝天，环视大海。轻风吹拂她的头发，浪花亲吻她的面颊，海燕向她招手，白云向她微笑……眼前的一切，无不焕发着盎然的生机。面对无限风光她禁不住自问：什么是舞蹈？舞蹈的力量又在哪里？她又不禁自答：舞蹈就是生活，舞蹈的力量源于自然的运动。她给那位名师教授的舞蹈做了个自己认为是正确的结论：所谓用脚尖支撑全身动作的舞蹈"是反自然的"。她知道自己的年龄还小，没有资格对传统的芭蕾舞妄加褒贬，只是认为这种舞蹈是自己所不能接受的。她要探寻一条适于自己的艺术道路，走向一个理想的艺术世界，不管多么艰难困苦，无论花费多大代价，也发誓要找到打开这个艺术世界大门的金钥匙。

基于这个信念，她毅然摆脱了那位使她受罪的舞蹈名师。

回到家里，她把自己的打算告诉了母亲，征求母亲的意见。母亲向来不干涉子女的事业追求和进取，只是说她年龄还小，需要增加文化知识积累和社会生活经验。她非常感谢母亲的理解和开导。此后，她一有时间就往图书馆里跑，埋头在书海里，如饥似渴地广读博览、潜心钻研。用她自己的话说，就是"我把狄更斯、塔克立、莎士比亚的作品全部都看了，还看了无数的小说，好的、坏的、兴奋的、平凡的……无论什么我都一概吞下去了。我常常通宵坐着看书，直到天明。所用的灯光，就是我日间到处搜寻的蜡烛头儿。"

读书，使她增长了知识、开阔了视野，进一步懂得了社会与人生。这期间，她还借助教舞和跳舞的机会，观察现实生活中各阶层的人物和事件，并把有关人物和事件作为素材进行文艺创作的尝试。用她自己的话说就是："那时，我也写过一本小说，办过一份报。报上所有的评论、本地新闻、短篇小说等，都是我一人写的。"

她更成熟了。作为一个10岁刚出头的少年，她成熟得过于惊人。她说："我和姐姐在三藩市（旧金山）教别人跳舞，使我们有许多机会到有钱人家去。我对那些有钱人家的小孩子，毫无嫉妒之心，反而觉得他们非常可怜。我觉得他们的生活很狭隘，很呆板，我感到我和他们比较起来，对于人生各方面有意义有价值的事物，比他们要富足千百倍。"

现代舞之母　**邓肯**

　　她就是这样，在舞蹈实践中刻苦学习，在刻苦学习中动脑思考，在动脑思考中辛勤创作。她要创立一种新式舞蹈，这种舞蹈如何命名，将会产生怎样的反响，暂时还不得而知。但是，她坚信，她的美好意愿迟早能够实现。为此，她要坚定不移朝着这个方向走下去！

冒险旅行

> 我跳舞的艺术,在小时候便已经潜伏在内了。其所以能够进行无阻,实在是由于我母亲的那种勇敢冒险精神的激励。
>
> ——邓肯

邓肯15岁的时候,已经明确地认识到,在当前的西方世界里,没有任何舞蹈教师能够引导她顺利实现自己的美好意愿。因为这时绝无仅有的舞蹈就是芭蕾舞,而自己追求的新式舞蹈,又是与芭蕾舞直接相悖的。她不仅反对立脚尖,主张平脚掌,并且要毫不掩饰地赤着双脚翩翩起舞。她认为,人的双脚和人体的其他部分一样,都是健美而不应该受着任何约束的。因此,即或蒙受"离经叛道"的指责,她也要坚定不移地把自己的双脚在舞台上自由自在地解放出来。她要赤脚挺进、赤脚旋转、赤脚奔腾,带动整个身心沉浸于美的意境。那么,她的施展,必须走出旧金山,要到国内各大都市接受各阶层观众的检阅。

现代舞之母　邓肯

她把这种想法一五一十地讲给母亲和哥哥姐姐听。母亲听得入了迷，表示支持她的行动，情愿跟她出去冒风险。于是，她把家里的事情委托给哥哥姐姐们，等自己和母亲在外地打开局面时，再接大家去团聚。

她和母亲的第一站是芝加哥，全部旅费只有25块钱。她们先在一个简陋的小旅店住下来，接着邓肯亲自到当地剧院洽谈演出事宜。她几乎跑遍了芝加哥所有的大小剧院，每次都极为认真地给各位经理做表演，希望得到他们的赏识和接纳。然而，得到的答复，几乎都是同样的一句话："舞倒是跳得很不错，可惜并不适合在剧院里营业演出。"

她和母亲带来的旅费就要花光了，除能支付几天房租之外，几乎没有余钱购买必需的食品。为了挣扎着生存，她们只好以番茄来填腹。后来，她回忆这段生活时，曾说："有一个星期的时间，我们完全就吃番茄，没有面包，也没有盐。我的母亲饿得很衰弱，再难忍受下去了。我平时每天早上出去，总是去见剧院的经理。但是，每个经理都照例是冷漠地不理不睬。"

她和母亲彻底困在这个人地两生的城市了。但是，母女二人都刚强得谁也不想打退堂鼓。然而，她

们毕竟需要生存。为了解决燃眉之急,她无奈决定:只要能够闯过眼前的难关,无论什么工作,暂时都可以去干。

有一天,她硬着头皮去找一家"共济会屋顶花园"的经理,说明自己可以用舞蹈替这里招揽生意。说着,便跳了一段自己编的《春歌舞》。

经理看得很有兴趣,连声称赞道:"好,你很好看!舞蹈姿势不错呀。"接着,话题一转地说:"不过,你要完全改装,跳一点口味比较有刺激性的东西。只有这样,我才请你。"

她目视这位经理,心中愤愤不平,觉得这是污辱艺术,实在难以从命,但是,想到可怜的母亲因吃番茄将要昏倒的惨状,又不忍心拒绝。就这样,她委屈地答应下来。这里有个很好的乐队,可以演奏她所选

择的各种乐曲。她用了一个假名报幕，并且巧妙地收敛刺激性舞姿，在乐队的默契配合下，演得还算自如。结果是：首演获得成功，接连产生轰动效应，以致引起强烈社会反响。人们惊赞她是"空中飘来新星"。

她在这个屋顶花园连演一个星期，得到数量可观的酬金，立即解除了生活的困境。花园经理特别高兴，似乎把她当成摇钱树了，踌躇满志地跟她续签协约，慷慨答应预付未来的演出薪水，甚至为她筹备旅行公演。但是，想不到，这一切全被她谢绝了。她说："对不起，你们固然是从饥饿中把我和母亲救出来，但是这种反乎我的理想以求悦于观众的舞蹈，我已经跳够了。我希望这种经历是我有生以来的第一次，也是最后的一次！"经理被她说得哑口无言，只得扫兴地默默离去。

她利用已得的酬金维持生活，每天还是到处去找正规剧院联系公演业务，但仍是知音难寻。而类似花园或拜堂等娱乐场所却都乐意聘请她，可这又是她所讨厌的。不久，她现有的钱又所剩无几了，母女俩再次为眼前的生计而担忧。

正在这个关头，她偶然从报纸上看到一条消息，有一位名叫达利的剧院经理，带着阵容较强的艺术团

从外地来芝加哥演出。当时，她和母亲都曾耳闻达利的名字，并且知道这是当时最爱艺术、最懂得审美意义的著名大经理。机会实在难得，她决定无论如何也得去拜访这位著名的大人物。可是，她一连几次登门求见，都被手下人不屑一顾地挡了驾。最后，她忍无可忍地强硬递上自己的名片，对挡驾者抗议说："请你们注意！我的事非常重要，非见到达利先生本人不可。他再忙，也得接见我。这是任何人都代替不了的！"她的强硬抗议起了作用，终于在一天傍晚，她有幸被请到达利的会客厅。

这位大人物，看起来显得很傲慢，对于素不相识的来访者，似乎先有一副咄咄逼人的面孔。在这种情况下,她知道自己不可能马上受到主人的重视。于是,她镇静片刻,便先发制人地说明来意,而且运用无法打断的连贯语句,滔滔不绝地侃侃而谈:

达利先生,我有一个很伟大的思想提供给你。我想,在全美国,恐怕只有你能懂得这个意思。我发现了跳舞的艺术,跳舞作为一门崇高的艺术,已在人类世界失传2 000多年了!你是一位兴趣高雅的舞台艺术家,但我断定你的舞台上目前缺乏了历史上希腊戏院的伟大东西,这便是跳舞的艺术——悲剧的歌舞。舞台上没有这种舞蹈,好像一个人只有头部、身部,没有两只脚而无法行进一样。我现在把这

种舞蹈奉献在你的面前。我的这种思想，要改变整个时代的潮流！那么，你可能要问，我的这种思想是从何处发现的呢？我可以明确回答：是在太平洋之滨，是在枝叶招展的塞拉雷法达的松林里。我看见了少年美利坚的理想形象，舞于洛基山之巅。我国最伟大的诗人，是怀特门。我所发现的舞蹈足以配得上怀特门的诗，我实在可以说是怀特门精神上的女儿。我要替美利坚的儿女创造一种新的舞蹈，以表白美利坚的精神。我把你们舞蹈上所缺乏的灵魂，特此贡献给你，这便是舞蹈的灵魂。因为你要晓得，戏院的产生，是起源于舞台，第一个戏子乃是舞蹈者。他且歌且舞，由此而产生戏剧中的悲剧。如果你的戏院要得到真实的表现，除非要使舞蹈原来那种伟大的艺术，在你的舞台上得到回归。

她的这番话如同连珠炮弹，发击在对方的心坎上。达利先生被她打动了，面对这位雄辩的小姑娘，觉得不可等闲视之，当场决定：请她过几天到纽约，参加一部哑剧的排练和演出。

邓肯高兴极了，马上赶回去，把这个决定告诉了母亲，并且激动地说："妈妈，终于有人认识我的艺术了！"

母亲也为她感到高兴，并把这个喜讯用电报传给旧金山的孩子们。几天后，邓肯的哥哥亚古斯丁，姐姐伊利莎同时赶来，一家4口人满怀希望地到了纽约。

纽约不仅是个大都市，而且地处海滨，这使全家人都感到很亲切。

邓肯对哑剧表演不以为然，认为哑剧里的人物动作，只是代表语言的种种符号，不能属于舞蹈艺术。但是，在她参加演出的《仲夏夜之梦》里，却有一个由她单独跳舞的场面。她为此感到欣慰，这是她有生以来第一次登上大剧院的舞台，等同于进入艺术殿堂。她的独舞跳得非常出色，不时引起观众的热烈掌声，使全剧演出增强了艺术魅力，乃至引起主角的嫉妒。

这期间，她十分辛苦，除在纽约不断公演之外，还经常随团体到外埠旅行演出。但毕竟是有了一个比较稳定的职业，既能照顾家庭生活，又使自己获得了一定的知名度。不过，她还是觉得有些遗憾，因为这时的纽约还没有专供舞蹈表演的艺术剧院，自己的理想仍是难以实现。

她不想这样维持下去，还在寻求有助于舞蹈发展的前进道路。因此，无论怎么繁忙，她也都要挤出时

间从事舞蹈创作，为将来的需要做好准备。

大约一年之后，她被当地一位音乐家——雷文的几部作品所吸引，从中选择《拉西色斯》《阿菲利来》和《水仙》等乐曲，编创舞蹈动作。一天，自己正在艺术室里进行练习的时候，突然有个青年人推开房门冲进屋来，气愤地对她大声吼道："你为什么要用我的作品编创舞蹈？我的音乐不是用于跳舞的！我不允许你这样做！"

她发现这个怒吼的青年就是音乐家雷文，便很礼貌地请他坐下，客气地说："这没关系。不过，请你忍耐一下。我先把刚刚编好的《拉西色斯》跳给你看。如果你不喜欢，我发誓永远不跳了。"说完，就按照这支曲子跳了起来。内容是：一个青年人站在小溪

现代舞之母　**邓肯**

旁，注视映在水中的自己的身影，差不多要与自己的身影恋爱了，最后颓丧地离去，脱身变成一朵艳丽的鲜花，借以体现青年人的美好向往。舞蹈还未跳完，雷文激动地从椅子上跳起来，跑到她的面前，热烈地把她抱了起来，眼里含着泪花说："太妙了！你简直是一位女神！你的美丽的舞姿，正是我作曲时所想象的啊！"接着，她又跳起了《阿菲利亚》和《水仙》，使雷文看得出神，禁不住坐在钢琴旁，一边弹琴一边填写歌词，使这些作品成为词、曲、舞三位一体的表演节目。此外，又乘兴为邓肯编了一支舞曲，名叫《春天》。

不久，经过各种努力，雷文与邓肯多次共同举办音乐、舞蹈公演会，每次都大获成功，轰动纽约全城。此后，社会上各阶层名流纷纷敬请邓肯光临表演。她又尽力选择一些音乐或诗歌名著改编舞蹈，频繁应邀演出。母亲为她钢琴伴奏，哥哥姐姐给她伴诵歌词，全家合作，越演越红，直至成为王公贵族的座上客。然而，这都未能引起她的兴致。她发现，上流社会的达官贵人们，只把她的跳舞看成消遣，寻求开心，并不懂得真正的艺术，自己所作的种种努力，他们都不甚理解，这使她感到失望。她要设法摆脱眼前的处境。她不能容忍自己的艺术沦为有闲阶层茶余饭后的玩物，必须奉还艺术的神圣本色，要深入社会、深入人生、走向人民大众……

现代舞之母 邓肯

出国拼搏

> 我从前不满意于加利福尼亚的生活，现在也一样的极想追寻一种比纽约更适合的环境。于是我梦想着伦敦——乔治·麦拉地、亨利·詹姆斯、瓦次、斯温奔、柏恩钟斯、惠斯勒等，都是一些有魔力的名字。老实说，我在纽约所有的经验，没有人对我的思想有一种真正的同情和帮助。
>
> ——邓肯

从物质享受着眼，邓肯在纽约的生活环境足以引起世俗者的羡慕。只要她情愿投靠贵族或者置身于歌厅卖艺，就会饱食终日，享尽荣华。但是，作为纯洁的艺术家，她所向往的则是高尚的精神文明。即使为此而贫困潦倒，她也是无怨无悔的。

她知道自己正年轻，在舞蹈事业上富有强烈的拼搏力和火热的爆发力。她还知道，因为自己正年轻，所以对艺术的真谛缺乏透彻的理解。她渴望一个浓郁的文化氛围，愿在这个氛围里刻苦锻炼与成长。于

是，她产生了出国的念头，和全家商量，决定到欧洲去施展。

这个决定，是她人生道路的重大转折，也是她攀登高峰的英明举措。她走遍了欧洲各地，在这片土地上忘我地创作、演出、办学、考察和思索。她的各方面辉煌成就大都发祥于这片土地上。这片土地是她主要的人生舞台和文化摇篮，哺育她成为划时代的伟大艺术家。

在伦敦

伦敦，是她走向欧洲的起点。她在这里觉得心情舒畅，充满着难以遏止的创作激情和灵感。她说："我们对于伦敦的美妙异常醉心！举凡文化上、建筑上

← 伦敦是邓肯走向欧洲的起点

的种种美丽，我们在美国所未见到的，在伦敦都充分地欣赏了。"

她认为，伦敦人有教养、讲礼让。她赤着脚、穿拖鞋、身披薄纱，人们不但不批评，反而一致赞叹："很好看，美极了！"

她在这里首次公演了《阿菲利亚》《春之歌》等一批独出心裁的舞蹈节目，令人瞩目、风靡全城。第二天，各式各样的请帖纷纷递到她的面前。她为平民跳舞，为社会募捐跳舞；她在剧院演出，也进王宫献艺，博得各阶层观众的尊重、款待和热爱。

她为自己装设一间宽大、明亮的艺术室。她在这个房间里创作、排练和读书。母亲为她弹钢琴，哥哥

姐姐陪她排练各类节目和提供文化信息。

她挤时间考察当地的博物院、图书馆、城市园林和浮雕建筑群。她求师如渴地拜访著名的文学家、戏剧家、音乐家、美术家和各界不同专长的文化名人。她在考察伦敦现代图书陈列馆时，结识了该馆的一位董事，名叫哈尔。再经哈尔引荐，她又结交了文学家安得烈尔，音乐家巴利和画家利其曼等。这些人都非常理解和赞赏她的创作思想和表演风格，并在很多方面给她以指导和帮助。安得烈尔给她讲解跳舞与希腊神话的关系；巴利给她讲解跳舞与音乐的渊源；利其曼给她讲解跳舞与美术线条、构图、色彩以及运动之间的相互联系。这些讲解丰富了她的文化知识，很快融化在她的艺术实践里。为了学习与探讨，她曾在这个陈列馆的中央大厅围着喷泉，热情洋溢地为这些好友翩翩起舞。哈尔对她的优美表演给予高度评价和由衷的祝贺，并在报

伊莎多拉·邓肯式的舞蹈风格在全欧美流行开来，妇女皆沉迷其中。

纸上发表评论文章，进一步扩大了她的影响。此后，伦敦几乎所有的著名文化人士都与她交了朋友，使她每天都有吸收不完的文化营养。当时的大画家瓦次先生特别珍视她的才华，经常给她讲授有关社会、人生和艺术方面的深刻道理。诗人爱斯利、艺术家康柏尔夫人，以及英国皇太子和爱德华英王等，都对她的表演赞不绝口。

邓肯成熟了，以本身的生活体验和文化素养，使自己的舞蹈形成独特风格，为现代舞的崛起奠定了坚实的基础。

在巴黎

20世纪20年代以来，伊莎多拉·邓肯式的舞蹈风格在全欧美流行开来，无论哪个阶层，何种身份的妇女皆沉迷其中，竞相仿效。

邓肯是以扩大文化视野和广采艺术精华的意图来到巴黎的。她在这里并不计较演出数量多少、生活待遇多高，而是把主要精力投放到认识西欧文化传统和接受艺术考验上。因此,她的很多时间都是用于文化采访和社会调查。

她在这里同样装设一间艺术室,母亲照例为她弹钢琴。她们在这间艺术室里,根据波兰音乐家肖邦的《前奏曲》《华尔兹》和《马遮加曲》等,创作一些新的舞蹈节目。

20世纪20年代以来,伊莎多拉·邓肯式的舞蹈风靡全欧美。

巴黎的演出,同伦敦一样,也是誉满全城。一次,她的舞蹈即将跳完时,观众们情不自禁地向她高呼:"好!真好啊,可爱的孩子!"另一次,也是即将跳完时,观众们在热烈欢呼中,不断有人高喊:"伊莎多拉万岁!"

她在巴黎生活得非常愉快。她把这座城市连同整个法国比作一个美丽的大花园。在文化考察中,她对这里的罗浮宫、国立图书馆、克能博物院、加拉维勒博物院、巴黎圣母院等,非常感兴趣,尤其把罗浮宫和国立图书馆当成自己艺术生命中的两大源泉。很多

现代舞之母　邓肯

天，她连日待在罗浮宫的展厅里，全神贯注地审视眼前呈现的希腊花瓶。她不仅以鉴赏家的目光衡量展品的文物价值，更以舞蹈家的敏感品味其形状、色彩、线条等，与自己舞蹈创作的联系。此外，她也常在巴黎歌剧院和凯旋门前流连忘返。她崇拜面前的所有雕刻作品，认为这里"没有哪一项纪念品，我们不是伫立于前而惊叹赞赏的"。她更敬仰壮观的罗丹亭，被这位艺术大师的天才雕塑精品而征服。这时，她更加感到艺术事业的崇高和艺术家的伟大，因此也就更加激起誓为艺术而献身的决心和信心。在社会调查中，她除了广泛接触各界人士和畅谈文学、历史、哲学、宗教、教育及民俗等深刻话题之外，还一头钻进图书馆

← 邓肯在巴黎同样取得了成功

里，把所有关于论述舞蹈、音乐和戏剧的专著有系统、有步骤地通阅一遍。她认为，这里有知识、有理论，更有人生与社会。

由于考察、读书和采访、交友等花费的时间较多，致使演出场次相对减少，所以日常生活总是入不敷出，全家人只好节衣缩食，也似乎临近吃番茄的程度了。

正在这时，一位来自德国柏林市的音乐厅经理登门拜访，邀请邓肯去他那里演出。为了促使邀请的迅速成功，这位经理趾高气扬地说："我是从柏林最大一个音乐厅特来邀请你即刻到那里去跳舞的。"

邓肯扫视一下这位经理的华贵衣着，不以为然地回答："谢谢你。但很对不起，我是不能把我的艺术

送到音乐厅里的。"

"你不知道，"经理感到惊疑地说，"最伟大的艺术都在我们的音乐厅里，而且我们的钱很多。现在，我即刻允诺你每晚500个马克，往后还可以增加。"

邓肯很严肃地再一次回答："我不去。无论多么优越的条件，我都是不能去的。"

"这怎么可能啊！"经理看到邓肯一再拒绝的态度，十分不解地进一步说："这是不可能的呀！我不能接受你的这种答复，因为我把要签的合同都拿来了。"

邓肯感到自己受到了污辱，一股怒气涌上心头。但是，出于艺术家的应有礼貌，只得克制地回答：

"请不要多费唇舌了！我的艺术不是为音乐厅的。我明确地告诉你，我将来会到柏林的。我只希望配着你那可爱的音乐队而跳舞。但是，在那种玩魔术马戏的音乐厅里，却绝对办不到。就这样，你请回吧！"

经理为遭到邓肯的如此拒绝而百思不解，看到邓肯一家的困难状况，以为她说的不是真话，可能是故意抬高自己的身价。出于这种判断，第二天他又来到邓肯的住处，慷慨地表示："这样吧，我每晚给你1 000个马克，签一个月的合同，总算可以了吧。"

邓肯见他如此误解自己，忍无可忍地只得发火了："请你不要枉费心机了！我来欧洲跳舞，是借着动作的表现，发扬人体的美丽与圣洁，而不是为着那些吃饱了肚子的资产阶级饭后娱乐的！请你快走吧。"

经理一时觉得尴尬，气急败坏地说："每晚1 000个马克你还不干？那你难道是……"

没等经理把话说完，邓肯庄重地告诉他："你就是每天1万、10万，我也不去！将来我到柏林，我要替伟大的歌德和罗格拉的同胞们跳舞。而跳舞的地点是要值得我奉献这种艺术的！"接着又补充说："那时候，请你看吧，我的报酬也许每天不止1 000马克。"

经理先生一时无言以对，只好默默地扫兴告退。不过，出门之前，有意说了一句气话："蠢姑娘，走

现代舞之母 **邓肯**

着瞧！真有缘分，咱们柏林见！"

在柏林

戏剧源于人类的生活，而生活中的戏剧性情节，有时竟比剧作家的精心构思更带有巧合性。

当那位柏林音乐厅的经理先生离开巴黎不久，一位欧洲的著名舞蹈家——佛勒女士兴致勃勃地来到巴黎会晤了邓肯。她特别欣赏邓肯的舞蹈艺术，同时又向邓肯介绍了另一位舞蹈家——雅加女士。当时，佛勒正在经营雅加的演出，为了增强力量，希望邓肯也能参加，以便共同到德国各地旅行表演。

这个邀请正是邓肯求之不得的事情，她不假思索立即答应了。

柏林给她的印象很好。因为她平素总是梦想能够赏析伟大的古希腊艺术,所以看到柏林的城市建筑,便情不自禁地惊呼:"太好了!这就是希腊呀!"其实,她知道这不是希腊,自己触目的只不过是希腊式的建筑而已,但毕竟也算是开了眼界。

佛勒是位心地善良的女性,为邓肯提供了如意的生活条件,嘱咐她先到周边城市演出一段时间,等到有了良好时机再赶回柏林。

邓肯遵嘱先到匈牙利的布达佩斯。布达佩斯之行,对她来说是至关重要的。她把这次旅行看成是占领柏林的前奏曲,是在欧洲"追求光明前途"的新起点。这里有些人听说过她的名字,对她的赤脚跳舞怀有种种好奇心。

她被安排在市区的乌兰尼亚剧院。这是一个高雅的公共文化场所,联系人名叫格拉斯,对她的艺术非常崇拜,特意在这所艺术殿堂里,为她组织专场独舞表演,并且跟她签了一个月的演出合同。

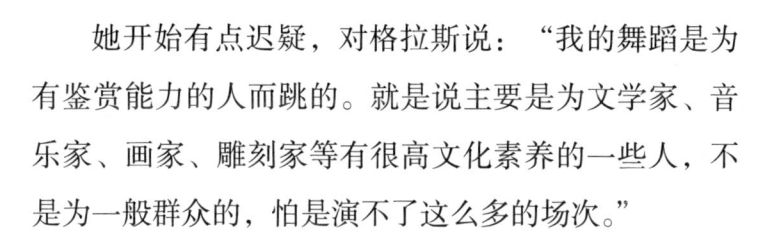

她开始有点迟疑，对格拉斯说："我的舞蹈是为有鉴赏能力的人而跳的。就是说主要是为文学家、音乐家、画家、雕刻家等有很高文化素养的一些人，不是为一般群众的，怕是演不了这么多的场次。"

格拉斯是位有能力、有远见和具有经营文艺演出经验的人。他听到邓肯的话，微笑着反驳说："你错了。艺术家是眼光最高的观众，如果他们都能喜欢你跳舞，一般群众都会一百倍、一千倍地喜欢你。可不能把普通群众估计过低，他们都是你的上帝。"

她被格拉斯的一番话打动了，感到就像听到斯特劳斯《蓝色的多瑙河》一样，非常开心。于是，她决定，在自己的演出专场里，每场的最后都跳这个曲子。

实践证明，格拉斯的话和邓肯的决定都是正确的。剧院的一个月门票，每天都销售一空；每场最后跳起《蓝色的多瑙河》时，全场观众都像触了电一样顿时狂热起来，呼唤她"再跳一次！再跳一次！"甚至大家自发地跟她一道跳起来。

她每天都置身于"上帝"的怀抱里，感到非常温暖、非常幸福。

白天，她愿意到河边自由散步。清澈的河水映着蓝天、白云和自己的身影，微风吹来紫丁花的芳香……

她常常是信步走到群众中间，心情舒畅地和周围这些狂放不羁的人们共进午餐，欣赏吉卜赛音乐。那撒满干椒的匈牙利菜和浓浓的匈牙利酒，都使她觉得特别可口，认为"这是我一生中得到的最充分的营养，也是我最喜欢吃，而且比任何时候都吃得多的香甜美餐！"

此外，她和母亲还被请到国立皇家戏院，有幸观赏著名表演艺术家——罗米阿的演出，并且和他共同探讨戏剧艺术，从而结下深厚友谊。

她爱上了布达佩斯。这个城市和这里的人们，尤其是罗米阿，都使她恋恋不舍。然而，她又必须离开这里，因为维也纳等待她去演出。

她在维也纳也演红了，特别受到青年人的狂爱。

←邓肯喜爱柏林的城市建筑

现代舞之母　邓肯

凯门学院的学生们每天晚上都牵着一匹骏马来到剧院门前，当她演出结束、走出剧院时，学生们就把她拥到马上，一人牵马，众人尾随，大家手里举着火把，共同高唱歌曲，热血沸腾地在街上游行。

这里的"艺术家俱乐部"为她举行专门的艺术讨论会，邀请当地的哲学家、文学家、艺术家和音乐家们，对她的舞蹈进行学术研究，共同给予高度评价。她在这批学者中，结识了大音乐家理查·瓦特涅的儿子——栖格夫里·瓦特涅，彼此成为知心朋友。

这期间，在母亲的照料下，她读了许多社会科学经典著作，特别是重点钻研了大哲学家叔本华和康德的作品。她颇有心得地记下这样的感受："在这里，哲学思想便好像人类快乐的最高点，只有那更圣洁的

音乐可以与之并立。在慕尼黑的各博物院中，使我们看见了许多意大利的伟大艺术作品。我们晓得离意大利的边境很近，于是我和母亲、姐姐等，便不由自主地前往佛罗伦萨……"

这段旅行演出很有意义，尤其是思想收获甚大，使她丰富了科学知识，进一步认识了社会与人生，突然觉得自己长大了许多，艺术上的见解也较以前深刻多了。但是，她的钱是越花越少了，只得拍电报给格拉斯，请他设法寄一些来。

格拉斯很快把钱寄来了，同时请她立即返回柏林，因为柏林的演出已经安排好了。

她回到柏林，不禁大吃一惊。繁华的街道上随时

伴着妈妈的钢琴曲邓肯一天天长大了

可见克罗尔歌剧院的大幅广告。每幅广告都醒目地写着她的名字，并且注明"首次登台表演"。她断定，这是格拉斯精心策划的宣传措施。

她被格拉斯引进一家豪华旅馆，客厅里等候着各大报社的新闻记者。大家一下子把她围了起来，争着请她发表谈话。她非常激动，无法克制自己的情绪，于是便滔滔不绝地畅谈自己体会到的最新见解，从音乐、舞蹈到哲学与社会，一口气讲了几个小时，不断引来记者们的掌声。

克罗尔歌剧院是德国的一流艺术演出场所。伴奏者是她平素称之为"柏林可爱的乐队"，素有"天字第一号"的美誉。

首场演出座无虚席，观众都有良好素质和文明风貌。开演前，她略有顾虑，偌大的舞台几乎没有任何布景装置，专供一个少女单纯表演独舞，而且一个晚上都是这样，显然是对她的艺术进行严格考验。在这种情况下，本领不大则无法压住台口，那么也就难以拢住成千的观众。

她想，这肯定又是格拉斯的点子，有意给她出难题，让她闯难关。不过，她现在已经具备应付各种场面的经验了，想到眼前这一关决定着她那"追求光明前途"的命运，于是她的身心也就立即进入艺术境界。

她尽情地跳着，用纯洁的心灵支配优美的舞姿；用优美的舞姿展现纯洁的心灵。此时此刻，她忘记了凡尘中的一切，观众眼前呈现的是一位自由飘然的美神。这美神把全体观众带入一个理想的世界，直至终场人们才回到现实生活中来。掌声、欢呼声此起彼伏，一群学生蜂拥上台，热情地把她抬起来，不断高呼："圣洁的伊莎多拉！伊莎多拉万岁！"

　　她眼睛里闪着幸福的泪花，泪花里饱含着无限深情。"圣洁的伊莎多拉"不翼而飞，传遍柏林、德国，以及整个欧洲。

　　这时，大哲学家黑格尔从伦敦专程赶到柏林来看望她。她为此深受感动，像对父亲一样，想尽一切办法盛情招待这位鼎鼎大名的老学者。

现代舞之母　邓肯

　　黑格尔先生也像对待亲生女儿一样喜欢邓肯。他的到来对于邓肯是个莫大的鼓励，引起柏林官方和各界人士的瞩目。因此，邓肯以个人名义为黑格尔的光临举办一次规模盛大的招待会，除当地著名人士大都到场之外，还有保加利亚王斐迪南，德国皇帝的妹妹沙克斯林公主，以及罗丝公主，亨·伯丁公主和多得公主等。邓肯喜出望外地穿着希腊式的舞衣，赤腿赤脚当场表演《巴西佛》舞剧片段，并即兴讲演黑格尔的伟大哲学思想。黑格尔显得非常兴奋，对邓肯的舞蹈进行哲学分析，说邓肯的舞蹈"是自然的真理的表现，合乎一元论，是从一个来源而且向一个方向演进的"。中间，著名音乐家巴利为在座的所有人进行了精彩的独唱。

邓肯几乎天天陪伴着黑格尔先生,请他观看并批评自己的全部演出。这时,一个戏剧性场面随之出现了。邓肯在一次成功的演出以后,见到了异常厌恶和终生不想理睬的人。这人就是曾去巴黎,先以每晚500马克,后增至1 000马克请她到柏林音乐厅跳舞的那位经理先生。接着,华丽的会客室里,出现一场简短的重逢对话——

经理:(身穿礼服,手捧一束鲜花,毕恭毕敬地)圣洁的伊莎多拉,请接受我由衷敬献的美丽鲜花!

邓肯:(从容地接过花束)500马克,还是1 000马克?

经理:我接受您的嘲笑。现在,众所周

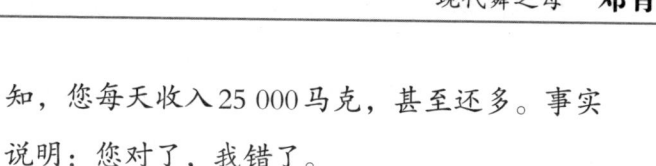

知，您每天收入25 000马克，甚至还多。事实说明：您对了，我错了。

邓肯：你怎么看待我的伴奏乐队？

经理：那还用说，全国第一，无人敢比。您又对了，我又错了。

邓肯：这是你说的，"走着瞧"的结果吗？

经理：是的。喔，也不是……

邓肯：怎么说呢？

经理：现在您很辉煌。您的前途还很长很长，不久的将来，您会更加辉煌！

有趣的经理，这次把话说对了。现在，柏林和巴黎、伦敦一样，都成为邓肯久站之地，三者连成一条纽带，使邓肯畅通无阻地走遍欧洲各地，以及美国和南美洲。她的舞蹈已被全世界认可，誉为现代舞的风范！

在莫斯科

邓肯成为"现代舞之母"以后，曾在莫斯科生活一段时间，即1921年左右。

这时的莫斯科，已是共产主义世界，属于无产阶级专政的都市。此前，她曾读过马克思、恩格斯的著作，赞同共产主义学说，承认阶级斗争观念，向往劳动人民当家做主的社会制度。所以,这次应邀来到这里,她除了跳舞之外,还想更多地进行社会调查和艺术研究。

莫斯科政府和文化团体欢迎她的访问,关心她的生活,给她的各项活动提供保证条件。她在这里看到了一个从未看到的崭新世界,政治思想产生了一种本质性的飞跃。

她在这里的一流剧院跳舞,受到政府官员、知识分子和劳动人民的一致欢迎。她对文艺为千千万万劳动人民服务感到振奋。她为这里的政府重视舞蹈事业和舞蹈教育工作表示由衷敬佩。她兴致勃勃地参观这里的歌舞剧院和舞蹈学校,有幸结识了戏剧大师斯坦尼斯拉夫斯基和著名舞蹈家巴甫洛娃,并且和

裕容龄是中国近代舞蹈史中吸收欧美文化的先行者,她是唯一一个曾亲自向现代舞鼻祖依莎多拉·邓肯学习过舞蹈的中国人。

现代舞之母　邓肯

他们成为知心朋友。她受当局委托，用巨大的热情和无私奉献的精神，创办莫斯科舞蹈学校。她的卓越表演和教学业绩，受到整个苏联人民的赞颂。

斯坦尼斯拉夫斯基折服于邓肯的艺术天才，自称："我现在变成这个伟大艺术家的新信徒了。"他说："凡是邓肯的表演，我没有错过一次。我这么急于想去看她跳舞，是因为她的艺术激起了我内心的艺术感觉。邓肯对于自己的艺术，不知如何合乎逻辑和系统地说出来。她的这种思想是由偶然而来的，正如日常中意外发生的事一样……"

20世纪20年代以来，无论哪个阶层，何种身份的妇女皆沉迷于邓肯式的舞蹈之中，竞相仿效。

←邓肯曾在莫斯科生活了一段时间

邓肯本人在这里所感受最深的则是对于这片"红色土地"的无限热爱。她曾以《莫斯科印象》为题著文写道：

这次俄罗斯之行收获甚大，我无论如何也不会放弃这一机会。这里毕竟天地广阔，可以大有作为，而我生来第一次感觉到自己可以伸展双臂尽情地呼吸了。这里使人们感觉到世界历史上再次崛起了一种强大的力量。它给予贪婪成性、恶贯满盈的资本主义以沉重的打击。在这里，一切残忍的、人吃人的剥削他人劳动的东西都被彻底铲除。

现代舞之母　**邓肯**

　　一个新的世界，一个新生的人类，打倒不平等的旧世界，创造人人平等的新世界，这就是人们在这里为之奋斗的目标。为实现这一目标，我满怀喜悦，无比自豪地应邀前来帮助它进行基础工作——教育儿童。

　　她，一个出身贫苦，在饥寒交迫的境况中挣扎崛起的伟大艺术家，如今亲眼看到一个没有贫富悬殊而是人人自由平等的国度，抚今追昔，怎能不感慨万千？所以，她认为这里是繁荣文艺的最大基地，是儿童成长的最好乐园，心甘情愿在这里奉献她的全部力量。

相关链接

现 代 舞

19世纪末期,欧洲古典芭蕾单纯追求形式与技巧的倾向越来越严重,不仅影响整个舞蹈艺术的发展,而且也阻碍其自身的发展。内容与题材仍旧停留在神话传说、王子公主的范围内,与现实生活的距离越来越大,成为舞蹈反映社会生活的巨大障碍。正是在这种危机中,现代舞应运而生。

现代舞最鲜明的特点是反映了现代西方社会矛盾和人们的心理特征。美国现代主义舞蹈家海伦·汤米尼斯概括现代舞的与众不同之处在于:"不存在普遍的规律,每一个艺术家都在创造自己的法典。"

其创始人,公认为是美国舞蹈家伊莎多拉·邓肯,她认为古典芭蕾会造成人体的畸形发展。她向往原始的淳朴和自然的纯真,主张"舞蹈家必须使肉体与灵魂结合,肉体动作必须发展为灵魂的自然语言",真诚地、自然地抒发内心的情感。

　　系统地为现代舞派建立起一套较为完整的理论和训练体系的，是匈牙利人鲁道夫·拉班，他创造了一种被称为自然法则的训练方法，把人体动作的构成归纳为"砍、压、冲、扭、滑动、闪烁、点打、飘浮"等八大要素，认为正确处理各要素之间的关系，就能组成各种动作。他创造的"拉班舞谱"至今仍为世界上最有影响的舞谱之一。拉班的学生M.维格曼把他的理论，通过创作实践变成了舞蹈作品，使现代舞理论具体化。拉班－维格曼这一现代舞派被称为表现主义现代舞，强调感觉第一。维格曼的舞蹈还有一个最显著的特点，就是企图切断舞蹈从属于音乐的关系，确立没有音乐的舞蹈。她认为，只有对音乐的"独裁"进行反抗，才会产生"自由自主的舞蹈"。第二次世界大战前，以维格曼为首的德国现代舞坛，一直是世界现代舞的中心。后来由于纳粹政权的反对，现代舞在德国被取缔，中心转向美国。

　　与邓肯同期的舞蹈家露丝·圣丹尼斯，是美国现代舞的先驱，她广泛吸收了埃及、希腊、印度、泰国以及阿拉伯国家的舞蹈文化，形成了一种具有东方神秘色彩的、表现了一种宗教精神的现代舞。她的学生玛莎·格雷厄姆是当代现代舞的杰出代表，她认为人类既然有美有丑，有爱有恨，有善有恶，那么舞蹈就不能只是赞颂美好和善良，也应当表现罪恶、悔恨和嫉妒，所以她特别强调运用舞蹈把掩盖人的行为的外衣剥开，"揭露一个内在的人"。她还创造了一套舞蹈技巧，人称"格雷厄姆技巧"。近数十年来，这一流派的舞蹈家各自发展，形成了许多不同风格和艺术主张的派别，有的在舞蹈的创新和发展上做出了很大的成绩，有的却完全违背了早期现代舞派的基本思想和艺术主张，远离了客观社会现实生活，发展到离奇、怪诞、晦涩的地步，为广大观众所不能理解和接受。

在圣丹尼斯的学生中，M.格雷厄姆、D.汉弗莱成为美国现代舞的代表，特别是格雷厄姆，她的名字几乎成了现代舞的代名词。她们虽然都是圣丹尼斯的学生，但却都不是老师的继承者，而以叛逆者的身份走着各自的艺术道

路。汉弗莱认为圣丹尼斯那种异国情调的舞蹈不能体现人的精神。她根据人体动作的基本原理建立了自己的艺术理论和技术原则,就是在跌倒和复起、平衡与不平衡之间构成舞蹈动作的规律。如人在暴力前倒下就必然要支撑起来进行反抗,这些动作就含有人类的冲突内涵。因此她的作品大多具有象征意义。汉弗莱是从外部形态上反对自己的老师,格雷厄姆则是从人类更深层的心理形态上去反对圣丹尼斯的艺术观念。因此她的舞蹈有"心理舞派"之称。格雷厄姆强调舞蹈应客观地表现自我信念,"舞蹈应该剥开那些掩盖着人类行为的外衣","揭露出一个内在的人"。她在《悲悼》中,表现由于焦虑、痛苦使人的身体扭曲和痉挛,就是她对人类"心灵的图解"。她的技术理论中心是呼吸。她研究了人体在呼和吸之间的形体变化,认为舞蹈家可以用呼吸推动身体的旋转、跳跃和跌倒、撑起。她的早期作品曾引起争议,认为过于阴暗、性感,但她终于成为美国声誉最高、享誉最久,影响到戏剧、电影、电视等各个领域的一代舞人。

艺苑桃李

> 儿童是朝气蓬勃的。他整日欢跳，充满着运动的渴望。他就像幼小的动物，在欢喜雀跃中成长起来，在对未来生活的强烈向往里变得坚强起来。
>
> 教育青年一代是使劳动阶级提高艺术鉴赏力的唯一途径。无法用语言传授给孩子的东西，可以轻而易举地通过动作教给他们，这是一个伟大的真理。学究式的教书匠，往往不能理解训练孩子身体的必要性。
>
> ——邓肯

邓肯既是伟大的艺术家，又是卓越的教育家，为了塑造美的灵魂，她把大量心血洒在舞蹈教育的园圃里，以桃李芬芳的颗颗硕果，成为世界艺术教育史上的一代宗师。

如果说少儿时代她在家乡创办舞蹈学校还含有自娱和谋生性质，那么她成名之后在欧洲开辟的歌舞校园，则完全是出于神圣的艺术事业。为了这项事业，

现代舞之母 邓肯

她宁可牺牲个人的大量进财之路，甚至不惜搭上自己的全部积蓄。

创立希腊少儿唱诗班

邓肯一生钟爱儿童的审美教育，只是限于社会条件和个人的经济力量才不得不把它视为艺术生涯中的辅助部分。

她在柏林发迹之后，银行存款相当可观。于是，她想利用这笔余钱建筑一座安居别墅，同时成为少年儿童的美育乐园。在选择地点时，全家人不约而同想到希腊的雅典城。就这样，她和全家人先以旅游观光的名义，一同来到这座世界名城。

邓肯决定在希腊建一座儿童的美育乐园

她们是先从威尼斯参观几个星期之后,乘海船进入希腊的。雅典人听说她们的光临,大多到海岸盛迎贵客,这使她们深受感动。邓肯儿时就向往古希腊,此刻梦想成真,兴奋心情无法遏止。她刚一下船,就激动地跪下来亲吻岸边的泥土,然后站起来,仰望神秘的古城,不顾一切地高喊:

啊,我们在外漂流,最后终于来到希腊圣地了!啊,奥林匹亚山的圣主,我们向你敬拜!还有阿波罗,还有亚佛多德!啊,艺术的九女神呀,你们跳舞吧!我们的歌声恐怕惊醒了酒神和他那些酣睡的侍女了……

现代舞之母　邓肯

　　她想使自己也骄傲地成为希腊人，每天穿着古希腊的外衣、古裙，绕着头巾到处参观、访问和参加这里的宗教祭祀活动，致使雅典市民都亲切地把她看成是自己的土著同胞。

　　她和全家人在雅典城外选择一块高地，认为这块地与建筑雅典神庙的亚克罗坡利山一样高，而且向西眺望，觉得与这座神庙相距很近。经过大家商议，决定把这块高地买下来。接着，她便去请当地古典建筑的设计师，按全家人定居和适于办学的原则，请其尽快拿出图纸、做成模型，审议通过之后，立即破土动工，并请一位宗教祭司主持，按当地风俗，举行盛大的奠基典礼。

　　施工期间，她几乎每天晚上都到当地酒神殿剧院去听音乐会。第一天，她看到有个小孩子演唱诗歌，接着又有几个孩子参与合唱。孩子们的声音很尖脆，

但曲调却是悲凉和超然的。第二天,她又来听,发给孩子们一些钱,孩子们非常高兴。第三天,参加演唱的孩子们一下子增多了,各个都愿意接近她。此后,她请教了一些学者,认定孩子们所唱的歌词和曲调,都是与古希腊的儿童唱诗班一脉相承的。知道这种情况,使她特别兴奋,决定用自己的力量把孩子们组织起来,从中选拔条件较好的进行训练,恢复早已消逝的古希腊时代那种儿童唱诗活动,也叫儿童唱诗班。

几天后,由她发起,仍在酒神殿举行音乐会,专请能唱诗的孩子参加比赛,一律发给奖品。同时,她还请来一位著名教授,帮助选拔优秀者。经过认真筛

现代舞之母　邓肯

选，挑出声音最好的10个孩子暂时组成一个小班级，聘任一位修道院的青年学生协助自己指导孩子们学唱古希腊的名诗与名曲。

这期间，她既要领导唱诗班，又要监督建筑别墅，还得到处调查访问，每天都忙得不可开交，但她的心情总是特别好，觉得在这里生活得特别充实。

当时的雅典，正处于文化建设时期，人们对她所创办的这个儿童唱诗班给予热情支持。不久，她租用市立戏院，举行一次唱诗班公演会，顿时轰动全城。

消息传开，引起乔治国王的重视，认为一个外国的表现派舞蹈家，能够这么热爱和扶植希腊民族文化，是件了不起的事情。于是，他以国王的身份邀请

邓肯带领唱诗班来到王宫，在皇家剧院为贵族和外国公使演出。孩子们演唱得非常出色，接连获得鼓励性的掌声。国王称赞邓肯的行为，高兴地把她引荐给王后。王后真诚地感激她，并且盛情款待她。自然，她也很高兴，觉得能在这里为希腊人民做点事情，更是不虚此行。

然而，由于修建宫殿式别墅开支巨大，加上一年来几乎没有个人演出收入等多方面原因，致使她在银行里的存款快要花光了。因此，她需要立即筹集资金，迅速恢复自己的旅行演出。唱诗班的孩子、家长和老师们都舍不得离开她，她也留恋这个正在成长中的少儿文艺团体和所有的孩子、家长和老师们。

她为难了，夜里翻来覆去地睡不着，经过苦思冥想，决定把这个唱诗班带出去。她觉得，这样做既可以开阔孩子们的眼界，又有助于唱诗班的成长，还可以向外国传播古希腊

现代舞之母　邓肯

的民族文化。

孩子、家长和老师们一致赞同她的这个决定，愿意跟她到外边闯荡闯荡。母亲和哥哥姐姐们有所顾虑，觉得这样做，会加重她的旅行负担，怕有操不完的心，劝她再认真考虑一下。她向来是个主意很正的人，只要认为应该做的事情，就毫不动摇地一做到底，哪怕为此而做出巨大牺牲也都无怨无悔。

孩子和老师们高高兴兴地跟她走了。她们相继在维也纳、布达佩斯和柏林等地巡回公演，取得了很好的效果，达到了她所预期的目标。但是，这些孩子毕竟是属于希腊的，父母都是土著的雅典人，不可能永远跟随自己到处奔波。所以，经过一年左右的时间，她便设法把这个唱诗班送回雅典。分别时，大家心里都不是滋味。但是，当她看到这些可爱的孩子逐渐长高和不断成熟起来的时候，心里又有一种说不出来的喜悦感，默默地祝愿他们尽快成长，将来为弘扬本民族的灿烂文化多做贡献……

创立邓肯舞蹈学校

送走希腊儿童唱诗班之后,邓肯的经济状况有所好转,她觉得有必要在欧洲的中心城市创立一座稳定的、正规的舞蹈学校。经过反复论证,她和母亲、姐姐共同决定校址定在柏林,命名为"邓肯舞蹈学校"。

她们先在格龙华德的特拉发街租用一座宅院,立即投入快速装修。她亲自到商店购置设备、床位、被褥和所有的教学用具及生活用品,很快就把这座宅院变成了清洁、舒适、雅致和处处充满艺术气氛的儿童乐园。

室内的中央大厅,挂着一幅亚马逊女神的肖像。

现代舞之母　**邓肯**

宽敞的跳舞室，装饰着各种舞女的浮雕刻图。宿舍里，适当点缀着有关圣母与婴儿的画像，并且都用蓝、白两种颜色。校园内陈设一些醒目的女孩子跳舞、赛跑和跳高的塑像，给人以轻快、健美的运动感。

她之所以要这样精心设计，目的在于想方设法给孩子们营造一个最为理想的文化氛围。她认为，孩子们生活在这个氛围里，自然可以受到美的熏陶。她注重孩子们的体育锻炼，旨在将其与舞蹈有机结合起来，这样更有助于孩子们的身心健康。总而言之，她为创造舞蹈学校的客观环境，操碎了心，流尽了汗。学校的课程设置、生活安排等方面，也都非常科学，堪称世界上绝无仅有的一流少儿艺术教育园地。所以，招生广告刚一登出，便有无数家长领着孩子争先

报名。

她的教育事业心感动了很多有识之士，不少人愿以自己的一技之长来尽义务。其中一位名叫何法的青年医生，长期在舞蹈学校担任义务校医。类似现象还有很多，她为自己的舞蹈教育事业能够获得社会承认，并且拥有各界人士的如此赞助而产生出从未有过的幸福感和骄傲感！

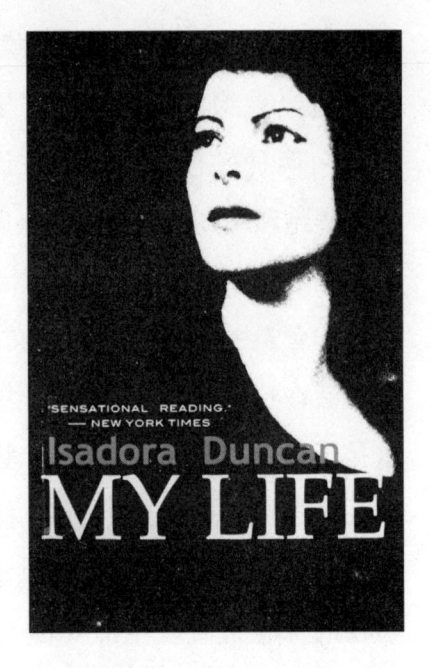

她自幼就梦寐以求亲手创立舞蹈学校，走出家乡之后，这种向往愈加迫切。她在纽约期间曾向官方提出过办学申请，但因自己当时还是个十几岁的孩子和美国政府对舞蹈教育不够重视等各方面原因而没被理睬，致使她总是耿耿于怀。

眼下，她正值二十几岁，多年的梦想变成现实，内心该是如何激动也就不言而喻了。这时，有人转告她，伦敦和其他城市有很多人模仿她的舞蹈，很快赚了大钱，暗示她不要总是醉心于这座学校，赶紧恢复舞台演出。与此同时，又有一些剧院经理请她重登舞

台，保证让她能发大财。但是，她把这些话都当成耳旁风，心思仍在自己的校园里，直至一切完全就绪才肯兼顾舞台演出。

她的心血终于没有白流，学校愈办愈兴旺，棵棵幼苗沐浴阳光茁壮成长，几年之后便有一批新秀朝气蓬勃地呈现在自己面前。然而，非常不幸，正当这批小伊莎多拉即将在舞台上一展风采的时候，第一次世界大战爆发了。

这次大战把欧洲所有的主要国家都卷了进去，一时间战火纷飞，人心惶惶。邓肯珍惜自己的学校，尤其把这批天真可爱的孩子当成命根子。她不忍心眼看自己的学校萧条冷落，更不忍心看着亲手栽培的花朵毁于战火。于是，就在自己的努力和知心朋友的帮助下，带领一批较大的孩子，冒着连年的战火，于欧洲各地辗转办学。

但是，她的经费则因战争和其他缘故而每况愈下，不仅难以继续办学，甚至连日常生活也几乎无法维持。在这种情况下，她只好再次漂洋过海，带着这批孩子赴美国和南美洲从事旅行演出与办学。

这段时期，她和孩子们有时风雨同舟、荣辱与共，有时被迫离散，天各一边。可以说，为了事业，为了孩子，为了美与爱，她饱经了社会的风霜雨雪，

尝尽了人间的苦辣酸甜。然而，她们毕竟是熬过来了，战争刚刚结束，便在离散中重新团圆。

孩子们长大了，但还是那一张张天真的熟悉的脸！师生间亲吻，同学间拥抱！战争没有使她们毁灭，反而把她们锻炼得更坚强！

创立莫斯科舞蹈学校

邓肯的艺术生涯，绝大部分是在资本主义世界度过的。她熟悉那个世界的士农工商、官绅政客和王公贵族；各个阶级、各个阶层、各种生活、各种灵魂和各种嘴脸，无一不映入她的眼帘。

少儿时代，她痛恨美国早期的"清净主义"。她说："美国早期的移民，带着一种心理上的特性势

现代舞之母 邓肯

力，伸张于荒野，以驯服野蛮之印第安人及野兽等。不过他们每每也用此种精神训练自己，以致造成许多惨痛结果。"又说："从很小的时候，我的母亲就为这种清净的精神所抑制。她的美丽，她的飘逸的风度，她那嘹亮的声音，都埋没无遗了。那时的人们，无不主张'我宁愿我的女儿死了，也不愿她登台演戏'。"作为当代少女，邓肯绝不容忍这种"清净主义"持续下去！她以自己的实际行动冲破这道樊篱，向传统偏见提出挑战，为妇女的解放而呐喊！

青年时代，她憎恶美国现行的"拜金主义"。她说："金钱是一切愁苦的根源，有钱人过不了24个钟头，便不会快乐了。"她尤其憎恶金钱使人们"物

化"，不惜把人格、灵魂和艺术等一切当成商品任意出售。作为当代艺术家，她决心与之抗争到底！她用自己的舞蹈创作和表演捍卫人的尊严和艺术的纯洁性及神圣性！

她饱尝了资本主义战争的苦头，认为第一次世界大战的起因就是资本主义垄断集团之间互相瓜分世界，为了统治阶级的利益，不惜给人类造成痛苦与灾难。因此，她一听到俄国十月革命胜利的消息，便欣喜若狂，甚至在资本主义国家的都城里，欢呼共产主义的胜利，带领学生沿街游行，高唱《马赛曲》。

这时，作为一位举世瞩目的艺术家和舞蹈教育家，邓肯女士的心情无法平静了！她说："公开声称自己是共产主义的人们，他们渴望看到一个人人平

现代舞之母　邓肯

等、人人幸福的社会，事实上他们也看到了劳动者未来的前景。"由此，她便联想到自己创立舞蹈学校的艰辛历程。她说："为了创立舞蹈学校，我相继去过美国、法国、英国和希腊，没有一个国家肯支持我。所以，当苏维埃政府声称它有计划要剧院向所有人开放时，我便很自然地投奔去了。这不是我唯一的出路吗？要使学校建立起来，舍此还有什么机会呢？"

这就是她——一个以事业为生命的伟大艺术家和教育家之所以欣然来到莫斯科的根本原因。

莫斯科欢迎她。

莫斯科是苏维埃社会主义联盟共和国的首都，同时说明苏联政府欢迎她。

一个新的政权刚刚建立，各方面情况一时很难皆如人意，但是邓肯女士却深深地爱上了它。谈到刚来这里的印象时，她真诚地说：

莫斯科即使不是当今世界上最使人感兴趣的中心，它也的确算得上是一座最使人感兴趣的城市。是的，尽管困难重重，这里有不息的力量。现在，我与其住在豪华的城市里，还不如住在这里。因为在我眼里，这里的艰苦情况也要比那些暴发户、军火商，那些饱食终日、无所事事地坐着汽车四处寻乐的少数人的醉生梦死的生活来得美。

我敢预言，莫斯科不久将成为最吸引人的城市，成为富饶的一座精神金矿。辛勤的艺术家、理想主义者和探求真理的人们将云集于此，痛饮那唤醒人类精神的伟大甘泉。就我而

现代舞之母　邓肯

言，我希望把自己终身从事的、并相信世上所有儿童都需要的这门艺术奉献出来，奉献给这些为贫穷所折磨着的儿童。

莫斯科舞蹈学校是政府文化部门委托她来创办的。这是她梦寐以求的最大愿望。长期的教育实践告诉她，只有政府主办或支持的舞蹈学校才有长久的稳定性和生命力。因此，她决定把自己的心血全部洒在这座学校里。

当时，莫斯科的生活是艰苦的。尽管如此，她还是给孩子们创造出比较适宜的学习环境。她在这里配备了两个较大的练功室，一个为蓝色，另一个为玫瑰色，其中所挂的帷幕，是她从巴黎带来的。

学校创立之初，她简直忙得废寝忘食。因为报名的孩子多得惊人，所以她每天都要从这数以千百计的报名儿童中，逐个挑选具有舞蹈天赋的孩子，首批选定的儿童竟然多达500个。

文学艺术家卷

此外，又收入2名法国孩子，3名英国孩子和6名美国孩子。她不禁自豪地说："这里已经成了国际性的学校了啊！"

为了陶冶孩子们的艺术情操，她经常带领他们到博物馆参观，请专家讲解这里的古代雕刻与壁画。她还常给孩子们组织音乐会，请音乐家演奏莫扎特、舒伯特和贝多芬的名曲。通过这类活动，培养孩子们在视觉与听觉上的审美能力。至于课堂教学方面，无论是舞蹈课、音乐课、文化课还是体育课，她都凭借长期的丰富教学经验，予以科学的安排和严格的训练。她异常重视课堂教学与艺术实践相结合，往往在美丽的春天、夏天和秋天，她指挥几百名孩子在露天广场上欢乐地唱歌、跳舞和朗诵诗歌，吸引莫斯科广大群众从四面八方纷纷涌来观赏。凡在这种场合里，她和她的学生总是与广大观众之间形成一个密不可分的整体，三者气息相通、水乳交融，既增强了学生们的艺术实践能力，又在观众中扩大了学校的影响。

现代舞之母　**邓肯**

她极其热爱自己的学生，称他们是"自由的小天使"；学生们无限爱戴她，称她是"圣洁的伊莎多拉妈妈"。学生们在她的哺育下幸福成长，尽管物质生活显得艰苦，但在精神方面却是乐观向上的。

仅仅 3 年时间，这批学生不但自己能歌善舞，还把自己学会的歌舞艺术传播给莫斯科所有的小朋友。他们曾在一个夏季举办一次盛大的歌舞讲习会，教 1 000 多名普通学校的小朋友跟着自己一同唱歌与跳舞，使整个广场成为一片欢腾的歌舞海洋……

此刻，作为一名辛勤灌溉棵棵艺术幼苗的园丁，伊莎多拉·邓肯的心情是无比激动的。她说："我注视着这数百名儿童翩翩起舞，他们时而像一片红色的罂粟花在风中摇曳；时而又像一排排勇武的战士和亚马逊女英雄，在肩并肩地奔赴战场，准备为新世界的理想而战斗。然而，胜于一切的是孩子们自身的热情和

幸福感，他们多么乐于将自己的心灵化为美的动作啊！他们载歌载舞，仿佛整个生命都随着这青春的完美而欢畅的节奏高高扬起了……"

莫斯科舞蹈学校在艰苦的环境中崛起了！它举世瞩目、闻名遐迩，是栽培艺术幼苗的园圃，是造就新型舞蹈家的摇篮，在它的辉煌业绩里，在历代师生的心目中，永远映现着一个伟大女性的美好形象，这便是卓越的舞蹈教育家——圣洁的伊莎多拉！

相关链接

舞蹈革命

伊莎多拉·邓肯演出的时候，放弃了传统的舞衣，改穿宽松裙袍，赤双足，自由摆动，既看不见女体的曲线，也省去了芭蕾舞鞋引带的婀娜。邓肯是把浑身的自由糅合到舞动的身体里去了，那是人体最自然不过的事，而非在男性的凝视中，把性感作为欲望的对象来观赏。此举也重新界定了女性美，不受囿于传统的标准。传统的标准，一是要夸张女体的性感曲线，一是在禁欲的气氛中对它诸多束缚，但邓肯却要求自然和解放。"所谓女性美，乃由认识自己的身体开始。"她说。在西方传统社会里，女性的身体从来便被视为多愁善感，也因为这个缘故，主张要诸多约束，罢免其倾覆的可能。邓肯的舞蹈，却正是自由的表达，其舞蹈被阅读为一种文化上的逾越，拒绝约束，把内在感受与身体外现的行为二分，并主张艺术与自然结合。赤足的邓肯，的确给20

世纪的美国舞蹈界带来了一股有力的冲击。舞蹈史家的描述是这样的：邓肯整个身体在舞动，并把心灵安置其中，不守成规，也因而不落俗套，超越了"肉欲的对象"。

邓肯的舞蹈革命，并不是独立的事件。舞蹈史家认为她是对个人表达的追求，是20世纪初美国自由主义者的写照，也是在对抗日益标准化、一致化、机械化和物质化的社会。因而邓肯参与的，也是文化上的改革，集艺术、性别、个人和大众于一身的解放。单就她挑战舞蹈的传统一举，不论在艺术上选择的内容是什么，已是一篇以身体实践解放的独立宣言。邓肯后期的舞蹈动作，更是充满了政治性的象征，经常描写一个英雄式的女性人物，如何大胆地凯旋于困境、压制和种种剥削之中，反映她在第一次世界大战前的爱国主义到后来一度认同的社会主义理想。作为女舞者的邓肯，在20世纪初，已身体力行地展示了舞蹈批判社会的功能。

邓肯当时身处的美国舞蹈界，主要由三种

传统舞组成：社交舞、体操及芭蕾舞。女士们参与其中，主要是为了显示她们的身份和社会地位。对于芭蕾舞，邓肯是颇有意见的，她认为芭蕾舞把舞者表现得高高在上，不食人间烟火，对身体活动的约束也很不自然。邓肯既然主张透过舞蹈来自由表达思想与情感，以身体来协动心灵，便不奢谈理论或步法。她把舞蹈定义为："一个对生命的完整概念，还有透过动作表达人类心灵的艺术。"邓肯的舞蹈，表达了不少20世纪初西方正在萌芽的多种进步思想，包括现代化的观念和女性的解放。她认为美不仅在外表，也是人与自己、与社会中的他人及宇宙的和谐状态，因而舞蹈是社会、政治，也是宗教。上述舞蹈的信念，表现在邓肯的舞姿上的，便不是装饰性的舞衣和大腿动作，而是一系列有感而发的、探索、寻找和期待的过程。化之为舞蹈的动作，便是高昂脖子，不停旋转、摇动和冲前的姿势，这些都令当时的舞评家不知所措。

理论建树

> 对我来说，舞蹈不仅是一门运用人体动作表现人类灵魂的艺术，而且是一种完美人生观的基础。它比人们想的远为自由，远为和谐，也远为自然。它不像一般人都相信的那样只是一套任意规定的，只不过是用机械方法贯穿起来的动作，这样的动作即使真像机械一样一丝不差，它们也是不能冒充艺术的。动作不是舞蹈的目的，只是手段而已。
>
> ——邓肯

只把伊莎多拉·邓肯看成伟大的艺术家和卓越的舞蹈教育家，还是不够全面的，因为她同时还是一位杰出的舞蹈理论家。她的理论源于对人生的思考、对社会的解剖、对大自然的观察和对艺术本质的透视，指导她的艺术实践——现代舞的孕育、萌芽、成熟和发展。因此，她的理论建树与她的艺术实践一样，都对一个时代产生着巨大的影响，无疑也同她的艺术实践

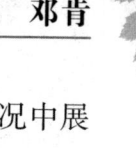

一样，是在艰难困苦，甚至是嘲讽，打击的境况中展现光芒的。

谈到这方面的感触，她不但一言难尽，而且是感慨万千的。她甚至悲愤地说：

美利坚，你何时才会对我为你所做的一切有所反应呢？你在1898年就可以从纽约的报纸上看到，我一开始就尽力想把自己的艺术奉献给你。你会看到我那时的一些照片，一个弱小的女孩，在寻觅基本的动作和节奏，为了拯救舞蹈，为了给孩子们和青年们用舞蹈来表现自由的灵魂。然而，你那时给我的报答却是让我风餐露宿，险些横尸街头，又被迫离国去乡，搭乘运牛的货船漂洋过海，去欧洲谋生。

只是到了后来，当欧洲的观众和许多伟大艺术家都一致赞赏我的艺术时，你才在1909年允许我回国，才把我在美国期间的努力称之为"巨大的成功"。但你既无真心也无实意了解我所奉献的艺术，而只是把它看作一种昙花一现的偶然成功，结果就出现了数以千计的人想步我后尘碰碰运气。这样的拙劣模仿者现在正瘟疫般地蔓延在整个美洲大陆上。

经过多年的努力，我在1915年因避战祸而把学校移至美国。但你又把我倾尽全部心血和财产培养出来的年幼学生看作难民。她们缺乏资金，你非但不闻不问，最后还要命令官吏把她们从剧院里撵出去。

末了，当我不得不求借船费返回法国投靠朋友时，我把自己16年来全部心血的结晶——6个年龄较大的学生留给你。我满心希望几个从六七岁就开始跟我学舞的女孩子能成为惠特曼的真正女儿，成为年轻有为的伟大女神，在未来的年月里教导千百个儿童。

你也把她们称之为"巨大的成就"，也就是说，你可以让她们受雇于剧团老板，让她们

现代舞之母　**邓肯**

做摇钱树，进行所谓的巡回演出，奔命于纽约和旧金山之间。每夜换个地方，每天颠沛在铁路上，直到今天才把她们送回我身边，而她们的身心已遭摧残，已经成了你的老板和你的耽于感官享受的观众的自利主义淫威下的可怜牺牲品。要知道，这些女孩子本来是可以成为千百万美国儿童的良师益友的，是可以为他们带来美和光明的。

　　如果我厌倦了、绝望了，你会惊奇吗？我知道你会在我死去50年后为我竖起纪念碑，但那还有什么用处呢？那时我已长眠地下，没有痛苦，也没有挣扎，既不能为你建立伟大的学校，也不会再为你带来你现在还不理解或者不欣赏的伟大理想了。

然而，我还是把我的爱和我的希望奉献给你。

我在伦敦跳舞时，人们说我的舞蹈来源于希腊。这是错的。我的舞蹈属于美国。我是美国人，生在加利福尼亚。我的祖辈两百年来一直生活在美国。我的舞蹈源于我故乡的森林湖泊、山河草原，难道不是这样吗？有的评论家说我的原始艺术单调乏味，但是，只要它能给广大观众小小的欢乐，我也就心满意足了。

我的舞蹈是我的生来之物，是出自天然的。我很小就开始跳舞，因为我对它感情至

现代舞之母　邓肯

深，所以自幼就在大家面前跳舞。你们称我是"赤脚舞蹈家"，我说你们也可以称我是"赤头的"或者"赤手的"舞蹈家……

只要你略加思考，你就会发现，衣带轻、双脚赤裸的舞蹈形象不是我的新发明，而是各时代所有艺术家一致认定的理想形象。

1928年，当"圣洁的伊莎多拉"逝世一周年的时候，学者谢尔登·切尼，征得伊莎多拉的侄儿——雷蒙德·邓肯的同意，将伊莎多拉生前发表的学术论文，作为一批珍贵的理论研究成果汇集成册，出版一部颇为畅销的专著——《邓肯论舞蹈艺术》。

这部专著共分"引言""序言""舞蹈艺术""附录"4部分。其中，"舞蹈艺术"是主体，共收《我看美利坚在跳舞》《舞蹈的秘诀》《未来的舞蹈》《巴台农神殿》《舞蹈家与自然》《舞蹈应该是怎样的》《看孩子跳舞有感》《生命即运动》《谈美和训练》《谈悲剧里的舞蹈》《古希腊剧场》《舞蹈与教育》《忒耳西科瑞》《古希腊舞蹈》《舞蹈与青春》《谈深度》《伟大的源泉》《理查德·瓦格纳》《给学生的信》《莫斯科印象》《离开莫斯科后的回想》《谈舞蹈的宗教意义和爱情表现》和断想》等23篇文章。文章选题广泛，论述深刻，充分体现她的渊博学识和精辟见解，总括着她的美学思想和艺术体系，是全面研究她的舞台造诣、理论建树和艺术生涯的重要文献。前文所引的几段话，就是

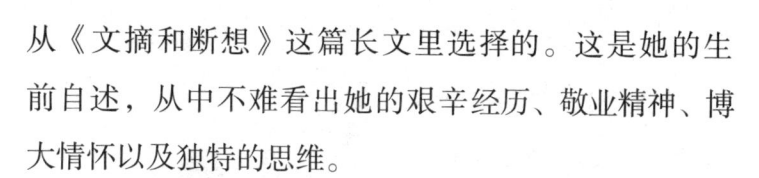

从《文摘和断想》这篇长文里选择的。这是她的生前自述，从中不难看出她的艰辛经历、敬业精神、博大情怀以及独特的思维。

纵览邓肯的理论建树，可以看到她的艺术美学理论的核心就是艺术来源于自然，艺术家必须向大自然学习。她说："什么是艺术的根本规律？对于一位伟大的雕塑家或者一位伟大的画家应该怎么回答？要我回答则很简单，就是：'观察自然、研究自然，然后再努力表现自然'。"

她认为，波浪运动是大自然的基本运动。她说："我看见波浪涌过万物，看着树林也仿佛形成一排排海涛。在其他场合，我们也能发现这种现象，即一切能量都是通过波浪运动的形式表现出来的。例如，声音不是以声波形式传播的吗？光也岂不如此？我们来看看生物吧，情况也是这样，一切不受限制的自然活动都符合波浪运动这一法则。比如鸟的飞翔或者陆上动物的跳跃等。造成这种波浪运动的原因，乃是符合重力法则的引力和斥力之间的相互作用。"

关于舞蹈，她更是确认其一切动作都存在于自然之中。她说："真正的舞蹈重视最美的人类形体，它出于自然而不是出于一般事物的模仿，是在自然中寻找最美的形体并发现能够表现这些形体的内在精神动作。"

她指出，舞蹈源于自然，但又必须高于自然。即"大自然是艺术的源泉，但不等于说：为了获得一种自然的舞蹈，只需要不停地手舞足蹈就可以了。在艺术上，最简单的东西也得花九牛二虎之力去观察、去综合、去创造；凡是伟大的艺术家都懂得，具有真正价值的，无比崇高的典范就是大自然。"同时强调："大自然无疑是一切艺术的源泉，舞蹈无疑需要运用自然的、和谐的、有节奏的动力，但舞蹈家的动作又永远有别于自然的任何运动。"

在她看来，舞蹈追求的理想境界，就是自然境界，跳舞所要遵循的根本法则，就是自然法则。她说："舞蹈并不那么复杂，舞蹈不过是与自然运动保持和谐一致的人体运动罢了。倘若它违背了自然运动，那么它就是虚假的。"

基于这种美学思想的指导，长期以来，她论述了与之相关的各方面问题，并且都是发人深省的。

在《谈深度》里，她提出："真正的舞蹈是一种恬静的表现，它受制于内心情感的深层节奏。人的情感不是突如其来的，它最初是酝酿着的，像种子里的生命一样沉睡着，慢慢地它才舒展开来。"

在《舞蹈的秘诀》里，她提出"有三种类型的舞蹈家：第一种是把舞蹈看作一种肢体活动的舞蹈家，他们重视美观大方的，但是毫无个性的动作。第二种舞蹈家注意使身体动作服从于某一特定的情感节奏，表现出有感染力的情绪或生活经验。而最后一种舞蹈家，他们把身体变得犹如液体一样清澈透明，从中分明能够看到灵魂的波动。这第三种舞蹈家懂得，人体在灵魂的作用下，确实能变得像清澈见底的液体，肌肤会变得晶莹透明。"

在《未来的舞蹈》里,她提出:"人类最初关于美的观念,就是在欣赏匀称的人体形态时得到的。新的舞蹈流派一开始就应该重视和谐的动作,并进而发展为人体最高的活动形式。我要为这种未来的舞蹈而努力。"

此外,她还对希腊、意大利艺术有过考察和分析。总而言之,她的艺术探求和理论研究具有本身的独到之处,随着《邓肯论舞蹈艺术》的出版、再版和译成多国文字而广泛发行,使她理所当然地跻身于舞蹈理论领域,成为人们所共识的杰出舞蹈理论家。

相关链接

伊莎多拉·邓肯与诗人叶赛宁

1922年5月11日,伊莎多拉同诗人叶赛宁一起离开柏林坦普尔霍夫机场直奔阿德隆旅馆。在那里他们举行了庆祝活动,庆祝伊莎多拉重归旧地,庆祝叶赛宁过上豪华、高雅、舒适的文明生活。英美各家报纸的记者纷纷云集旅馆,采访这对新婚夫妇,新房随着镁光灯的不停闪亮很快变得空气污浊了。

早在俄国革命初期,柏林便已成为从混乱不堪的俄国逃出的斯拉夫人的一大欧洲聚集地。这座城市拥有一批名副其实的俄国贵族——至少在某种程度上如此——被剥夺了财产的商人,满腔怨恨、无所事事的白军官兵,冒险家,知识分子,作家,画家,音乐家以及演员等。在这些四处游荡、神情恍惚的人们中,只有一些人从事低贱然而诚实的劳动,其他人则夸夸其谈,自命不凡地打发着日子,并不是都反对在他们的祖国所建立的新政权。在该城附近的一座别墅里，居住着伟大的俄国作家、列宁的挚友马克西姆·高尔基。叶赛宁的老朋友、诗人科乌西科夫仍旧背着那把他只能弹出几个基本音的吉他与这些流亡在外的同胞们来来往往。小说家伊利亚·爱伦堡和诗人比耶利也是这个俄罗斯人聚集地的名声显赫的文人。这里还居住着许多年轻的艺术家，他们后来都蜚声巴黎艺坛。这批身处逆境的演员和音乐家组织了一个蓝鸟剧团，模仿巴利耶夫的蝙蝠剧团，举办了一系列晚场演出。这里还设有专门出版俄罗斯文学和俄语报纸的出版社和报社。

　　叶赛宁很快就适应了这里的生活，与同胞们来往密切。他到达这座城市不久，不仅与伟大的马克西姆·高尔基以及地位稍低的科乌西科夫建立了联系，并且举办了诗歌朗诵晚会。他极为成功地朗读了自己的作品，使碰巧到会的白军官兵都为之激动不已。他的诗作引起了轰动，柏林准备出版一本他的诗集。后来，叶赛宁借助伊莎多拉的力量，与一位比利时诗人进行了谈判，内容涉及将叶赛宁的一本抒情诗选集译成法语，由一位在巴黎开业的俄国出版商出版，费用则由伊莎多拉承担。诗集的题名十分恰当，叫《一个粗鲁的人的自由》。一天，当叶赛宁回到柏林的那家旅馆时，发现妻子正手捧藏有迪尔德丽和帕特里克（邓肯的孩子）的照片的相册失声痛哭。他粗暴地一把抢过相册，扔进火里，带着醉意怒吼："你用去太多时间想这些——孩子了！"并拦住正要从火中抢救出自己的珍贵回忆的妻子。马克西姆·高尔基在一本专门描写几位俄国作家的文集里记载了柏林的这些日日夜夜。在关于叶赛宁的那篇文章里，高尔基描写了他与叶赛宁的会晤，并评论了叶赛宁的作品。他认为叶赛宁是新一代最伟大的诗人，但他与蜚声世界艺坛的舞蹈家伊莎多拉·邓肯的结合并不明智。据高尔基所见，伊莎多拉纵使竭尽全力也无法理解她的丈夫——一位杰出的斯拉夫天才的充满浓郁俄罗斯气息的诗作！高尔基并不十分欣赏伊莎多拉的艺术，并未领略到她的艺术美的真谛。他评论说，在和朋友一起观看了伊莎多拉特地为他们举行的舞蹈晚会后，她留给他的印象不过是一个拼命取暖的妇女。

1923年8月5日，在外辗转奔波了近15个月后，伊莎多拉·邓肯和谢尔盖·叶赛宁抵达莫斯科。当邓肯走下火车时，她看上去满面愁容，困顿不堪，尽管实际上她正为自己终于完成了一项十分累人的任务而欣喜万分：她终于如愿以偿地将诗人丈夫送回了他魂牵梦萦的故乡。叶赛宁跟跟跄跄地走下了车梯。终于回到俄国所激起的巨大的感情波澜，连同进入故乡边境后就源源不断倾倒喉咙的伏特加酒，使他沉浸在极度的兴奋之中。他欣喜若狂，奔放的感情驱使他砸碎了车厢里所有的玻璃窗。他们一起乘车离开了车站。在他们身后随行的一辆马车，载满了令人眼花缭乱的崭新的衣橱式皮箱、饰有锃亮的闪光的铜锁和铜扣的手提皮箱，以及沉甸甸的皮革袋子。当他们来到学校时，校园里冷冷清清。孩子们都到农村避暑去了。叶赛宁一头倒在躺椅上醒酒。在他沉睡时，伊莎多拉以她优雅绝伦的风度、无穷的睿智讲述着旅途见闻，让朋友们一饱耳福。当她的旅行见闻讲座告一段落时，叶赛宁也从小睡中醒来，精神饱满，醉意全无。他们开始考虑吃午饭，但房间里没有任何食物，厨师还在乡下陪着孩子们，所以只能去餐馆了。午饭后，伊莎多拉建议到乡下看看为避暑临时搬去的学校。同孩子们分离一段时间以后，她很想知道他们现在怎样了，各方面进步如何。他们租了一辆汽车。莫斯科郊外的道路崎岖不平，他们足足花了4个多小时才到达目的地。当他们来到通向学校的庭园时，夜幕已经降临。孩子们听说伊莎多拉回到了莫斯科，便派出侦察员，等老师一到便由他们用灯笼发出信号。伊莎多拉一跨出汽车，孩子们便翩翩起舞，簇拥着她进入屋里。她并未在乡间久留，尽管这里有快乐的孩子们的陪伴。转天，夏雨瓢泼而下，令人郁闷，叶赛宁决定回城，她只好陪着他进城。当他们再次来到普列特奇斯坚卡时，他将她一人留在那里，自己不告而别，三天杳无音信。每天清晨，伊莎多拉总是喃喃自语："他一定遇到什么事了。他受伤了，出事了，得病了。"白天，她在焦躁不安的等待和急切的盼望中度过。到了傍晚，她又喃喃自语："不能总是这样，该结束了！"经过三天忐忑不安的等待，伊莎多拉决定远远离开莫斯科，到别处去度过夏季余下的日子。

奉献终生

> 我相信，每个人的生活里都有一根精神线索，一根向上盘旋的曲线。现实生活的目的就是要使这根线索不断持续，不断加强；此外，任何东西都不过是生活进程中抛出去的垃圾。就我而言，这根精神线索就是我的艺术。
>
> ——邓肯

凭着邓肯女士的健康体质、乐观情绪、顽强性格和进取精神，她应该拥有较长的寿命。但是，非常不幸，她在这个世界上仅仅停留49个年头便凄惨地离开了！

诚然，她的早逝，直接原因是出自车祸；不过，凡是了解她的人大都知道，还与她多次遭到巨大的感情折磨有一定关系。

她曾说过，她来到这个世界"只有两个动机——爱情与艺术"。结果却是"每每爱情破坏了艺术，或是艺术造成了爱情上的悲剧"。对她而言，"这两样东西

现代舞之母　邓肯

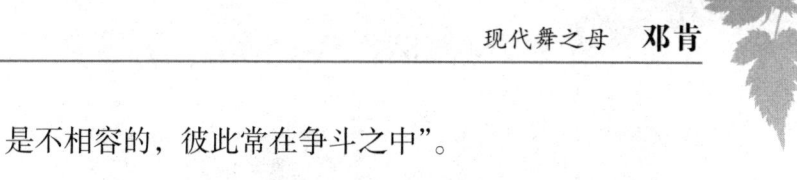

是不相容的，彼此常在争斗之中"。

是的，在她一生的艺术进取中，每到一个地方，总是摆脱不了爱情的纠缠。其中有的是一见钟情，有的是在日常交往中依恋难舍，有的则是全力帮她走出困境而又甘心为她铺设辉煌道路者。为此，她曾多次落进爱河，坠入情网，但却没有良好结果，甚至一律染上悲剧色彩。

应该说，与她热恋的一些男友，在人品、学识和才华等方面都是优秀者，无论同哪个人结成终身伴侣，都可使她安居下来，过着美满的幸福生活。不过，这种生活往往又得以牺牲自己的艺术事业来换取，这又是她绝对不能接受的。她不能抛开事业，她不能放弃跳舞，她要周游各地，她得四海为家。就这样，无论与谁相爱，都只能是欢乐一时，接着便是离别之痛，思念之苦，长期过着有爱情无婚姻的漂泊生活。其中唯一使她

←邓肯与丈夫叶赛宁

能够得到安慰的，是身边带的两个孩子。

她于1905年生了一个女孩，1908年生了一个男孩。两个小孩都很可爱，又都喜欢音乐舞蹈。这是她的爱情结晶，也是她的未来希望。她把孩子视为掌上明珠，雇请一位可心保姆照看孩子幸福成长。

两个孩子愈长愈加可爱，伴她读书、跟她唱歌、随她跳舞，时刻令她开心，消除一切烦恼。然而，似乎命里注定，这种天伦之乐又是稍纵即逝。1913年，正当她的艺术走向辉煌的时候，两个孩子连同保姆在一次事故中不幸溺水死亡。

这件不幸事故的突然发生，使她顿时感到五雷轰顶，这是她一生中遭受的最强烈打击。她说："这时

现代舞之母　邓肯

候，我浑身麻木了，只有咽喉发烫，如同吞了火炭一般。"又说："一个做母亲的，在她一生中，可以不知不觉地听到两次哭泣——在小孩生的时候和死的时候。当我感到他们的小冷手不能再抚摸我的时候，我听见了我的哭叫声——这种叫声正是和生他们的时候所听见的一样。为什么会同样呢？既然一个是喜极的叫声，一个是悲极的叫声，这种叫声包括忧愁、快乐、狂欢、极痛：所谓母亲创造出来的叫声。……我到了凄惨的火葬场，看着棺材：里面装着我最爱的金黄色的头发，软绵得像花一样的小手和活泼的小脚——现在都变成了火焰——直到最后留下的是一小堆骨灰……我回到家里，也想用一种方法就此了结我的生命。我如何能继续生活下去呢？"

这时，她的好友和学校里的所有小女孩都来安慰她。孩子们含着眼泪对她说："伊莎多拉，为我们而生存吧！我们不也是你的小孩吗？为我们而生存吧，圣洁的伊莎多拉……"

小女孩们的声声哭求，使她渐渐冷静下来。她说："这些话使我意识到了我的责任，应当设法减少她们的悲痛，她们为我的孩子的死亡，心都碎了！"

"是的，"她想，"为了身边的这些孩子，我要坚强地活下去！为了未竟的事业，我更应该坚强地

活下去!"

就这样,她忍受着极大的悲痛继续投入她的艺术创作、艺术研究和舞蹈教育事业中来。或许这就是化悲痛为力量的缘故吧,她比以前更加勤奋、更加奔忙,直至1921年,怀着极大的热情踏上苏维埃这片"红色的土地"。

在莫斯科,她的心胸完全开朗起来,决心把自己的一切都奉献给这个劳动人民当家做主的国度,甚至一改过去的"独身主义"而在这里结婚定居。

她真的结婚了,丈夫是苏联的革命诗人,名叫叶赛宁。婚后生活理应幸福,但是又一次沉重打击降临了:

现代舞之母　邓肯

　　她与叶赛宁去美国旅游观光，美国当局把他们视为苏联特务，不仅行动受到监视，而且处处遭到人身攻击。

　　她与叶赛宁怀着极大的愤慨返回苏联，苏联当局也对他们产生莫名其妙的看法。经她一手创办的莫斯科舞蹈学校突然把她排斥在外，等于变相把她开除了。

　　家里收入减少，经济处于拮据状态，只得变卖家具将就过日子。1925年，丈夫叶赛宁心灰意冷自杀身亡。

　　一连串的突然打击，使她再一次"浑身麻木"了！冷静下来之后，如梦方醒地认识到：自己在这里已经成为不受欢迎的人。

　　这时，她感到异常孤独与困惑，心里产生一种被

人耍弄的难堪和悲哀!

她不禁仰天长叹:"人生之正义何在呢?谁能寻着呢?恐怕上帝自己也弄不清楚。在这种卑下与纯洁、困苦与欢乐的交错之中,这种充满了地狱之火或是光明美丽的肉体之中——正义又在何处呢?一般人说上帝晓得,魔鬼晓得,但我疑心他们都不晓得……"

她带着这样的问号离开了莫斯科,再一次踏上西行的旅途。途中,她在抚今追昔地默默沉思:"现在回想我的过去,一方面有时好像是黄金的梦布满了珠玉,好像美丽的花园布满了花卉,好像快乐的清晨每个时辰都是高兴欢乐,我不知如何表现我那种达于极点的快乐,我的学校好像是一个光荣的天才,是一个伟大的成功,我的艺术是一种复兴的运动;然而另一

现代舞之母　邓肯

方面我回想起来，我的生活充满了极端的厌恶和绝对的空虚，过去好像是一些接连不断的灾害，将来是不可避免的悲哀，而我的学校好像癫狂者的一种幻影一样……"

她不住地这样思索，继续在欧洲大地上奔波……

她感到非常疲惫——她把一切无私地奉献给这个世界，自己却落个一无所有。

她觉得特别孤独——她想用她的全部的爱建造一个温馨的家庭；然而，可爱的儿女，慈祥的母亲，尊敬的丈夫却一个个先于自己走向另一个世界。

现在，哥哥姐姐们各自都有了可心的归宿，无须自己挂念了。

眼下，似乎只有她自己——只有她这疲惫的身体和一颗孤独的心。

然而，她还得活下来，挣扎着继续生存在这个世界上。她觉得自己还有满腔热血和一身力量，无论这个世界怎样对待自己，自己都把它视为"生我养我的肥沃土地"。那么即使是现在，自己也不能辜负它的养育之恩。

她，按照她的这条人生曲线继续向上伸展，最后在法国侨居下来。她埋头写了一本书，名叫《我的生活》。

文学艺术家卷

这是她的一部真实的长篇自传，以确凿的事实、丰富的内容、生动的语言和鲜明的形象及其重大的文化价值，于1927年公开出版。

然而，正当这部巨著广为发行，并且掀起销售高潮的时候，她却凄惨地离开人间……

时间是1927年9月14日。

圣洁的伊莎多拉于尼斯城搭乘一辆汽车，她的一条长长的围巾把她卷在汽车的轮子里。

世界上失去了一个伟大的舞蹈家、舞蹈教育家和艺术理论家！

但是，她却永远活在人们的心中……

相关链接

悲剧人生

伊莎多拉·邓肯一生从未接受过任何舞蹈教育，是个完全靠自学成才的舞蹈家。也许正因为如此，她才能够不受任何传统程式的束缚，凭本能灵感编舞。邓肯是现代舞的创造者，她在表演中丢掉一般的紧身内衣、芭蕾舞鞋和当时的短式舞裙，在薄而短的古希腊束腰外衣里赤着脚，光着腿跳舞。她跳舞时适度举体和腾跃，在舞台上常用跑步和跑跳步。她两臂经常向侧向上伸举，做翱翔姿态，从不固定或规范化。她的这种新颖的舞蹈方式净化了观众的心灵，倾倒了众多的艺术家。邓肯曾说她的舞蹈是她"自己的灵魂在美的感召下的自由表现"。

邓肯的一生是一部长长的悲剧，她的爱情生活也充满了起伏跌宕。她曾与多名男子坠入爱河，并与其中的两位生过孩子。当她一而再，再而三地失去激励自己活下去的爱情时，当她先后失去自己的孩子时，她曾经痛不欲生，悲观失望。但她最终从逆境中走了出来，继而创造了一个又一个的艺术高峰。

人到中年后，由于生来过敏的体质和多愁善感的情怀，加上一生多劫多难的经历给心灵深处留下的累累创伤，邓肯身心交瘁，体力不支，无法再创造优美的动作形象。她于是开始酗酒。1922年，邓肯在苏联第一次经过正式的法律手续，同小自己20岁的"天才加酒鬼"的苏联诗人叶赛宁结婚。然而两人的结合是个真正的悲剧，他们在度过了短暂的浪漫时光后，很快分道扬镳。1925年，叶赛宁自杀身亡。后来，邓肯去了法国。

1927年9月14日晚，邓肯与好友玛丽在尼斯一家位于英格兰大街附近的饭馆里静静地用餐。玛丽的思绪正在被一种不可言状的东西困扰着。空气中有一种压抑的东西。她喝了一口酒后说："伊莎多拉，我预感到一件可怕的事情要发生。"邓肯说："今晚我只乘车出去转转，很快就回来。玛丽，你有些迷信了，抽支烟吧，心情

现代舞之母　邓肯

会好些。"

　　她们离开餐馆，回到工作室。邓肯边等法尔凯托——她新雇的英俊潇洒的意大利司机，边打开唱片随着歌声跳起舞来。听到敲门声，邓肯一把抓起色彩斑斓的红色羊毛围巾，在脖颈上绕了两圈，舞向房门去迎接法尔凯托。

　　当她在门厅里准备出发时，玛丽注视着她单薄的衣着说："亲爱的，你最好穿上我的外套，不然你会着凉的。"邓肯回答说："不，不用。我戴着红围巾就挺暖和了，玛丽。"法尔凯托也在一旁说："我的汽车不太干净，你披上我的外套好吗？"邓肯摇了摇头。司机沿着小径向汽车走去，邓肯则在后面翩翩起舞。当她在司机身旁落座时，她转过身来向玛丽以及站在工作室门厅里的一位朋友挥手喊道："再见，我的朋友们，我就要踏上通向光荣的道路！"

　　汽车启动时，人们见到邓肯将长围巾的流苏甩到了左肩上。汽车全速向前冲去，围巾的一角落了在车轮旁边的地上。玛丽尖叫起来：

文学艺术家卷　115

"你的围巾,伊莎多拉,捡起你的围巾。"汽车戛然而止,旁边的人以为这是为了让邓肯提起拖在地面上的围巾的一角。他们走上前去,却发现邓肯的头部已经向前倒下去。司机则边做手势边用意大利语哀号:"我杀死了圣母,我杀死了圣母!"

红围巾的一部分和流苏被紧紧地缠在车轴上。当疾驶的汽车在距离工作室20米处突然颠簸时,围巾裹紧了邓肯的颈部。它只用一个突如其来的动作便迅速压碎了她的颈动脉。

朋友们抽泣着剪断厚厚的红围巾,拼命从车轮里把它抽了出来,火速把邓肯送往圣罗克医院。然而她的呼吸已完全停止,生命已离她而去。那里的医生们当即就宣布了她的死亡。

邓肯的遗体被通过火车运往巴黎。9月29日,数以千计的她的崇拜者、朋友、亲人参加了送葬仪式。天才的舞蹈女神伊莎多拉·邓肯就这样告别了人间。